Gemstone
人々を輝かせる宝石の秘密

岡本敬人　岡本明子
OKAMOTO TAKAHITO　OKAMOTO AKIKO

幻冬舎 MC

心、体、魂を癒やす宝石
52種

Alexandrite
アレキサンドライト

- 身体的な不調全般の改善
- 免疫力を高める
- 向上心を高める

Star Ruby
スタールビー

- 血の巡りが良くなり、冷え性を改善
- 筋肉疲労の改善　● 関節痛の軽減
- 運気を高める

Ruby
ルビー

- 血の巡りが良くなり、冷え性を改善
- 筋肉疲労の改善
- 関節痛の軽減
- 気持ちを明るくする

Blue Sapphire
ブルーサファイア

- 集中力を高める
- 心を安定させる
- 芸術性を高める

Star Sapphire
スターサファイア

- 集中力を高める
- 心を安定させる
- 芸術性を高める

Orange Sapphire
オレンジサファイア

- 免疫力を高める
- 皮膚、肌に働きかける
- 気持ちを明るくする

Yellow Sapphire
イエローサファイア

- 運気を高める
- 心身のバランスを整える
- 気持ちを明るくする

Pink Sapphire
ピンクサファイア

- 血流、リンパの流れを改善
- 気持ちが明るく、元気になる
- 強さを引き出す

Padparadscha Sapphire
パパラチアサファイア

- 血の巡りが良くなり、冷え性を改善
- 気持ちを明るくする
- ハートに働きかけて優しさを引き出す

Emerald

エメラルド

- 肩こり、腰痛の改善
- 目の疲れの緩和
- 心身のバランスを整える

Cat's Eye

キャッツアイ

- 運気を高める
- 自信をもたせる
- 潜在能力を引き出す

Diamond

ダイヤモンド

- 心と体のバランスを整える
- 精神的な強さを与える
- ほかの色石のエネルギーを引き上げる

Morganite
モルガナイト

- 心を安定させる
- ストレスの緩和
- 自律神経を整える

Imperial Topaz
インペリアルトパーズ

- 心身のバランスを整える
- 血液、リンパの流れを改善する
- 婦人科系の症状の改善

Aquamarine
アクアマリン

- イライラ、怒りを鎮める
（興奮した気持ちをクールダウンする）
- かゆみの軽減
- 不眠の改善

Demantoid Garnet

デマントイドガーネット

- 腎臓・肝臓に働きかける
- 循環器系に作用する
- 疲労回復

Green Garnet

グリーンガーネット

- 婦人科系の不調に働きかける
- 心を落ち着かせる
- マイナスのエネルギーを取る

Mandarin Garnet

マンダリンガーネット

- 花粉症の症状の改善
- アトピー、
  アレルギー症状の緩和
- 恐れを取り去る

Dragon Garnet

ドラゴンガーネット

- 苦しみを消し去る
- さまざまな心身の不調を改善する
- 美しい意識状態へ導く

Spessartite Garnet
スペッサータイト ガーネット

- 花粉症の症状の改善
- アトピー、アレルギー症状の緩和

Mali Garnet
マリガーネット

- 心、体を緩めてリラックスさせる
- 自分のこと、人のことを許せるようになる

Rhodolite Garnet
ロードライトガーネット

- マイナスのエネルギーをブロックする
- リンパの流れを改善する
- 神経痛の緩和

Malaya Garnet
マラヤガーネット

- マイナスのエネルギーを消し去る
- 血流、リンパの流れを改善

Paraiba Tourmaline
パライバトルマリン

- マイナスのエネルギーを取る
- 解熱、風邪の症状の緩和
- 胃腸の不調の緩和

Rubellite
ルベライト

- 喉の痛みを緩和
- 呼吸器系に働きかける
- やる気を高める

Green Tourmaline
グリーントルマリン

- 腸の働きを改善する
- 心を安定させる

Tanzanite
タンザナイト

- 運気を高める
- 内側から昇龍のような
  エネルギーが立ち上がる
- 耳鳴りの改善

Kyanite
カイヤナイト

- 心身のバランスを整える
- 潜在能力を引き出す
- 瞑想状態に導く

Benitoite
ベニトアイト

- 心を安定させる
- 潜在能力を引き出す

Apatite
アパタイト

- 不安をなくす
- ストレスの緩和

Peridot
ペリドット

- ストレスの軽減
- 気持ちの切り替えを促す
- 肩こりの緩和

Pallasite Peridot
パラサイトペリドット

- 深いカルマを癒やす
- 意識の次元を上昇させる
- ストレスの緩和

Royal Blue Moonstone
ロイヤルブルー
ムーンストーン

- 安眠を促す
- 直観力を高める
- 心を安定させる

Sphene
スフェーン

- 魂の浄化
- 精神的な強さを引き出す

Sphalerite
スファレライト

- 運気を高める
- 精神的な強さを与える
- 耳鳴りの改善

Inca Rose
インカローズ

- 愛情が豊かになる
- 心の傷を癒やす
- 血流の促進

Kunzite
クンツァイト

- 自信を与える
- 恐れを消し去る
- 血液、リンパの流れを改善する

Stella Esperanza
ステラエスペランサ

- 魂の向上を助ける

Blue Spinel
ブルースピネル

- 心の闇を光に変える
- 心を安定させる

Blue Zircon
ブルージルコン

- 幼い頃のトラウマを癒やす
- 落ち着いて思考できるようになる
- 耳鳴りの改善

Jade
ヒスイ

- 運気を高める
- 胃腸の不調を改善
- 自信をもたせる

Black Opal
ブラックオパール

- 運気を高める
- 骨、関節に働きかける
- 胃腸の不調を改善

Boulder Opal
ボルダーオパール

- 運気を高める
- 骨、関節に働きかける
- 個性を引き出す

Mexico Opal
メキシコオパール

- 運気を高める
- やる気を引き出す（ファイアー系）
- 心を落ち着ける（ウォーター系）

Ethiopian Opal
エチオピアオパール

- 心身のデトックス
- 目の疲れを緩和
- 肩こり、関節痛の緩和

Hauynite
アウイナイト

- 直観力を高める
- 向上心を高める
- 心を安定させる

Green Hauynite
グリーンアウイナイト

- 恐れから閉ざした力を取り戻す
- 直観力を高める

Scapolite
スキャポライト

- トラウマを癒やす
- カルマに働きかける

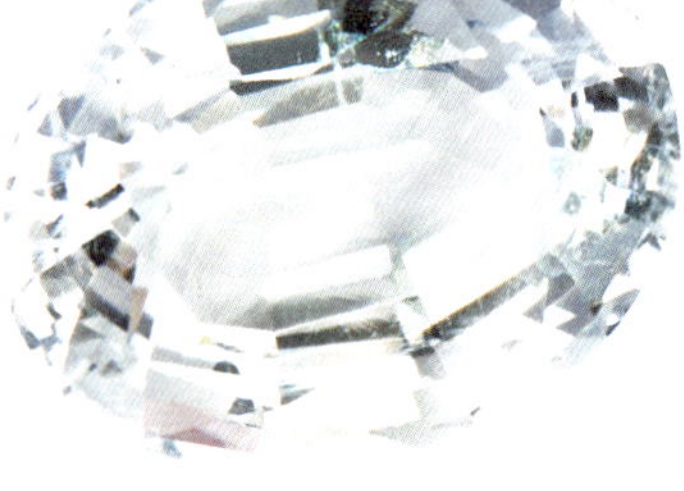

Hyalite
ハイアライト

- 限界を突破させる
- カルマに働きかける

Oregon Sunstone
オレゴンサンストーン

- 固定観念から自由になる
- ありのままの自分を受け入れる
- 本来の輝きを放つ

Cassiterite
キャシテライト

- 戦いに起因するカルマを癒やす
- 心の傷を癒やす

Idocrase
アイドクレース

- 心身が安定する
- リラックス効果
- ほかの宝石のエネルギーを高める

Gemstone

人々を輝かせる
宝石の秘密

はじめに

私たちが生きるこの地球は、美しい星です。

地上には色とりどりの植物、愛らしい動物、個性あふれる鉱物の数々が溢れ、空を見上げれば青い空に白い雲、輝く太陽が光を放ち、夜空にはきらめく星々と月が優しく輝きます。魅力的なものがあまたあるこの地球でも、人類が長きにわたってひときわ魅了されてきたものがあります。

それが光り輝く天然の鉱物「宝石」です。

国や時代を問わず、人々は宝石に不思議な魅力を感じてきました。日々身につけ、大切な子孫へ継承し、時には命がなくなったあともともにあるようにと副葬することもありました。

「宝の石」という名前のとおり、人類は地球が生み出した宝石に、万物のなかでも最高級の価値を与え、それはテクノロジーが発達し、人工的にさまざまなものを生み出せるようになった現在でも変わることがありません。手のひらに収まるほどの小さな宝石でも、時には数十億円、数百億円という価値が与えられ、取引されているのです。

宝石が人々を長きにわたって魅了し続けている理由は、どこにあるのでしょうか。

1つめの魅力は、その比類なき美しさでしょう。吸い込まれそうなほど深くクリアな色合い、まばゆいほどの輝き、光によって変化する表情……宝石には見る人の心を魅了する、類いまれなる美しさがあります。

2つめは、身につけて楽しむ装飾品としての魅力。美しい宝石があしらわれたジュエリーを身にまとうことは、特別な高揚感と幸福感をもたらしてくれます。また、高価な宝石を身につけることは、ステイタスや権力の象徴にもなり、時の権力者がこぞって身につけたこともあります。

3つめの魅力は、財産としての価値。日本ではこれまであまり一般的ではありませんでしたが、海外では財産の一部を宝石に換えて持つ人も多くいます。歴史のなかには、国家が崩壊して、貨幣は紙きれ同然となったこともたびたびありました。大きな美術品などは価値があっても、気軽に持ち運ぶことはできません。ポケットに入れて、何かの時には簡単に持ち運びできる財産として、宝石は世界的に信頼されてきたのです。

しかしこれら3つの魅力は、人類が最初に宝石に魅了された理由ではないと私は考えています。原石の状態の宝石は、皆さんが想像する研磨後の宝石のように、光り輝いているわけではありません。もちろん原石の状態で色が美しいものもありますが、それを研磨して宝石にするには大きな労力がかかります。衣・食・住を満足させるわけではない宝石に、人類が惹かれ、大きな価値を見いだすようになった理由はどこにあるのでしょう。

人類が最初に魅了されたのは、地球から生み出された宝石が秘めている、神秘的で特別なエネルギーだったのではないかと、私は考えています。

古代の人々は、今の私たちよりもっと自然と調和し、心も感性豊かに生きていました。大自然のなかで生きていくためには、五感をフル活用するだけでなく、第六感として直観力も活用して、すべてとのつながりのなかで生きることが必要だったのではないかと思います。そして古代の人々は、宝石が人の心身を豊かにし、直観力をも高めてくれる力を自然と感じていたのでしょう。だからこそ、掘り出して、磨き、大切に身につけていたのではないでしょうか。

衣・食・住に勝るとも劣らない、生きていくために大切なことがあることを、古代の人々は知っていたように思えてなりません。それは、この地球が美しいと感じることができる、豊かな心です。

寒さや暑さをしのぎ、安全に、安定的に食べ物を得る、人類の衣・食・住の環境は、古代と比べて劇的に改善しています。しかし、それと反比例するように、目の前に広がる地球の風景を美しいと感じる、豊かな瞬間は減ってきているのではないでしょうか。

現代に生きる多くの人は、不安、恐れ、悲しみ、怒りなど、多くのストレスに悩まされ、心身を病んでいます。今この瞬間に生きていることの喜びを感じることができる人も、減ってきているでしょう。


地球の大地が育んで、たくさんの奇跡が重なって生まれた宝石は、私たちの想像も及ばないような特別な力を秘めています。そして、人類はその宝石に魅了され生きてきました。

本書では、人類と宝石の歴史、そして宝石の真価を現代によみがえらせた私の師でもある岡本憲将氏の足跡を通して、今を生きる皆さんがより豊かに生きるために宝石を活用するすべをご紹介していきたいと思います。

この地球は、美しい星です。

地球の美しさが凝縮した宝石がもつ本来の力を活用して、多くの皆さんが豊かな心をもって、すべてと調和した美しい世界をともに築いていくことが、私たちの心からの願いです。

株式会社ベル・エトワール
代表取締役社長　岡本敬人

宝石のヒーリング効果については個人差があることをご了承ください。

目次

第2章 宝石業界の革命児が現代によみがえらせた 宝石の真の価値

第3章 人生を変える 地球からのエネルギーが宿った宝石

第1章

人類と宝石の歴史

地球の大地で育まれた奇跡の鉱物

地球の大地で育まれた奇跡の鉱物

眩しいきらめきのダイヤモンド、海のような紺碧のサファイア、神秘的な湖を思わせるエメラルド、そして熟した果実のようなルビー。宝石はその種類により色も輝きも異なり、古今東西で見る人の心を魅了してきました。宝石に対して抱くイメージもさまざまで、ある人にとっては羨望の対象であり、またある人にとっては眺めるだけで力をもらえる存在です。いつもの自分よりいっそうの自信や美しさを引き出す宝飾品として、大切な場面をともにするパートナーとして身につけている人もいれば、自分を鼓舞するお守りとして使う人もいます。

親から譲り受けた宝石や、大切な人からプレゼントされた宝石のついたジュエリーに深い愛情を感じたり、自分へのご褒美として購入した宝飾品に勇気をもらったりするなど、宝石はあらゆるシーンでさまざまな感情を引き出します。海外セレブや芸能人が身につける大きなダイヤモンドのジュエリー、異国の王族が儀式で身につける王冠やティアラ、勲章などの威厳に満ちた宝飾品など、宝石は財力や威厳、栄光を表現するものでもあります。

では、そもそも宝石とはどのようなものなのでしょうか。

宝石は、地球が生み出した天然の鉱物です。そのなかでも、特に色、輝き、透明感があって美しく、ある程度の硬度があり、さらに希少価値のあるものが、一般的に「宝石」と呼ばれています。地球上には4700種類ほどの鉱物が存在するといわれていますが、そのなかで宝石として市場に流通しているものは100種類程度しかありません。

宝石の成り立ちを知るには、この宇宙のなかで地球がどのように誕生したのかを知る必要があります。宇宙は今から約138億年前、ビッグバンという大爆発が起きて誕生したといわれています。そして約50億年前、宇宙空間に漂っていたちりやガスが集まり、その中心に原始太陽が誕生しました。渦の中心の密度が高くなり、温度が上がると核融合反応が起こり、原始太陽は自ら光を放つ恒星、つまり太陽となったのです。

そして約46億年前、太陽の周りを回っていた微惑星と呼ばれる小さな星が衝突し、壊れたり合体したりするのを繰り返しながら少しずつ大きくなり、やがて生まれた惑星の一つが、私たちが暮らすこの地球です。

宝石は地球の大地のなかで誕生しました。その成り立ちは種類によりさまざまです。マグマが冷却し、結晶化する際に生成されたものや、火山が噴火したとき、上昇するマグマの圧力が急激に減少した際に生まれた気泡が結晶化して生成されたもの、水と熱が地中深くのマグマに作用してできた熱水液から生まれたものなどがあります。

とはいえ、こうした条件がそろえば必ず宝石が生まれるというわけではありません。ほとんどの鉱物は内包物を多く含んでいるため、白濁していて透明感がなかったり、割れやすかったり、色味にムラがあったりするため、天然石が形成されても、宝石と呼ばれるクオリティーに達するものは非常にわずかです。さらにそれらが運よく地中から発見され、研磨されて、私たちの手元に届くことを考えると、宝石の希少価値、そしてその出合いがどれほど奇跡的なことか分かるのではないでしょうか。

人類はどのように宝石と出合い、宝石を活用してきたのか

人類がいつ、どこで最初に宝石を使い始めたのかには諸説ありますが、定かではありません。しかしその歴史は非常に古く、メソポタミアやエジプトの古代国家、ローマ、ギリシャ、中国、インドなどの古代文明においても珍重されており、日本でも縄文時代からヒスイなどを身につけていたことが分かっています。

歴史のなかで宝石は人類と密接な関わりをもっています。その始まりは装飾品としてではなく、宝石のもつ力を古代の人々は活用していました。古代の王冠や剣には、宝石があしらわれたものがたくさんありますが、それらはただの装飾や権威の象徴ではありません。国を治めるリーダーや、そのリーダーを支えて導く巫女、神官といった聖職者らは、宝石の力を使って直観力を高め、大自然とつながり、人々を導くべき方向を判断していました。彼らは宝石の力を信じていたというよりも、

感覚的にとらえ、第六感を含むさまざまな感覚を研ぎ澄ませて、国を治めるために日頃から身につけ、人々のために使っていたのです。

このように、神秘的なエネルギーに価値を感じて大切にされていた宝石ですが、文明の発達とともにその力は徐々に忘れ去られ、価値の中心は美しさや装飾性、富の象徴へと移っていきました。特に15、16世紀のルネッサンス期あたりからはヨーロッパで研磨技術が飛躍的に発達し、人々はその美しさに魅了されていきます。さらに産業革命を迎えて中産階級が生まれたことにより、それまでは一部の貴族階級しか持つことのできなかった宝石が、大衆にも広まっていったのです。

世界の聖職者と宝石

歴史のなかで聖職者たちは、東洋、西洋問わずに宝石が秘めるその特別な力を感じ、活用してきました。ここでは東洋の一例としてヒンドゥー教、西洋の一例としてキリスト教と宝石の関わりをご紹介します。

ヒンドゥー教

ヒンドゥー教では宝石が人間の罪を清め、儀式を成功に導くと信じられていました。古来、インドやスリランカでは宝石でセラピーやヒーリングを行う宝石療法の文化がありました。そのため、王族が宝石を身につけていたのも、装飾のためだけでなく宝石の力が身につける人の富や権力を高めると信じられていたからです。

特に知られているのが、ナワラタナと呼ばれる9つの宝石がはめ込まれた装身具で、これは太陽系の9つの天体とそれを神格化した9人の神が、9つの宝石に割り当てられたものです。9つの天体とは実在する7つの天体と、日食を引き起こす存在として信じられていた影の惑星が2つ。これは実在するものではありませんが、ラーフと呼ばれる月の昇交点と、ケートゥと呼ばれる降交点を表しています。

これら9つの天体にはそれぞれ9つの宝石（ナインストーン）が定められており、太陽はルビー、月は真珠、火星はインドでは赤サンゴ、スリランカではピンクサファイア、水星はエメラルド、木星はイエローサファイア、金星はダイヤモンド、土星はブルーサファイア、ラーフはヘソナイトガーネット、ケートゥがクリソベリルキャッツアイとなっています。太陽を表すルビーを中心に、9つの配置はすべて定められており、身につけることで幸福、健康、心の平和が整い、自身のオーラが高まり、富・健康・精神的な強さ・智慧《ちえ》がもたらされるとされました。

キリスト教

『旧約聖書』には、モーセの兄である大祭司（位の高い聖職者）の胸当てに12の宝石がはめ込まれていたといいます。

「その中に宝石四列をはめた。すなわち紅玉髄《こうぎょくずい》、貴かんらん石、水晶を第一列とし、第二列は、ざくろ石、るり、赤縞《あかしま》めのう、第三列は黄水晶、めのう、紫水晶、第四列は黄碧玉《きへきぎょく》、縞めのう、碧玉であって、これらを金の編細工《あみざいく》の中にはめこんだ。その宝石はイスラエルの子たちの名にしたがい、その名と等しく十二とし、おのおの印の彫刻のように十二部族のためにその名を刻んだ」
（出エジプト記39章10～14節）

ここに登場する宝石は諸説ありますが、第1列がルビー、トパーズ、エメラルド、第2列がガーネット、サファイア、ジャスパー、第3列がオパール、アゲート、アメシスト、第4列がアクアマリン、ラピスラズリ、碧玉だとする説が有力です。

12の宝石は『新約聖書』のヨハネの黙示録にも登場します。それは新しいエルサレムの城壁の土台石に飾られたもので、次のように記されています。

「城壁は碧玉で築かれ、都は透き通ったガラスのような純金で造られていた。都の城壁の土台はさまざまな宝石で飾られていた。第一の土台は碧玉、第二はサファイア、第三はめのう、第四は緑玉、第五は縞めのう、第六は赤めのう、第七はかんらん石、第八は緑柱石、第九は黄玉石、第十はひすい、第十一は青玉、第十二は紫水晶であった。十二の門は十二の真珠であり、門はそれぞれ一つの真珠で造られ、都の大通りは、透き通ったガラスのような純金であった」
（ヨハネ黙示録第21章18〜21節）

このように旧約聖書の12の宝石とほぼ同じことが分かります。この頃は研磨技術が未発達で硬度が高いダイヤモンドはカットができなかったため宝石として扱われず、そのため12の宝石に含まれていません。この12の宝石が誕生石のルーツとなったとされています。

キリスト教、特にカトリックは神の偉大さを示すため、宝石の力を活用しました。カトリック教会の特徴の一つである壮麗なステンドグラスは、まさに宝石の輝きを模しているように見えますし、中世の教会では教会の最高位である司教が典礼のときにかぶるミトラという冠や司教の権能の象徴であるバクルスという司教杖などに宝石をはめ込んでいました。

司教はカトリックのトップである教皇から指名されるのですが、その地位を授与されるときにビショップリングという指輪が与えられます。哲学者・聖人の意思といわれ、神の恩寵を受け精神の再生をもたらすと信じられたサファイアは聖職者にふさわしいとされ、枢機卿や司教のリングにセットされました。

ローマ帝国の書物に記された宝石の価値

権力者たちがどのように宝石を使っていたのか、そこにはどのような意味があるのかという現代人の疑問に答えてくれるのは、もしかするとローマ帝国初期に活躍した博物学者であり、軍人、政治家でもあったプリニウスが著した『博物誌』かもしれません。

この本は現代でいうと百科事典のような存在で、ローマ帝国の支配が及んだ地域の地理、動植物、鉱物、風俗などがテーマごとにまとめられ、その巻数は37巻に及びます。今となっては非科学的な内容も多く、正確性には欠けるのですが、古代のギリシャ・ローマなど地中海世界を知るための重要な書物となっています。

さまざまな分野についてまとめられている『博物誌』の最終巻を飾るのが「宝石学」でした。プリニウスは宝石について「自然の偉大さは、宝石という最も狭い領域に凝縮している。自然界に宝石ほど驚きの念をもたらすものは存在しない」と記しています。プリニウスは、宝石の美しさについてはもちろんのこと、歴史的な観点や医学・薬学的効能についても言及しました。当時の富裕層が知りたがっていたと思われる価値のある宝石に順位をつけるとともに、宝石の特性や起源についても記されています。

科学が進んだ現代に生きる私たちからすると空想と伝説がまざったような、荒唐無稽とも思える記述も多いのですが、宝石を身につけることを常としていた王侯貴族や聖職者、今の言葉でいうなら富裕層の需要に応える内容になっていることを思うと、興味深い内容となっています。ここではプリニウスが『博物誌』で説いた宝石を2つご紹介しましょう。

◆ダイヤモンド

当時は「アダマス」と呼ばれていたダイヤモンドは、プリニウスが人間の財産で最も高く評価されるものとして挙げています。これだけ聞くとダイヤモンドの価値が古代から現代に至るまで不変なのだと思ってしまいますが、プリニウスの時代はまだ研磨技術もないため、きらめく輝きをもつダイヤモンドは存在していません。それどころかプリニウス自身もダイヤモンドを見たことがないという説や、どんなものにも孔を開けられるので鉄製の工具にはめられていると述べており、実用性を評価しているだけとする説もあります。

◆エメラルド

エメラルドは当時「スマラグドゥス」と呼ばれていたようです。「これ以上美しい色はない」など絶賛の言葉が連なります。また、「目を酷使したあとに緑色の宝石を見ると疲労感が回復する」とも述べられています。古代の支配層は壊れやすいものを持つことを富の象徴として好んでいました。水晶のグラスにエメラルドを沈めて酒を飲むという楽しみ方もしていたそうです。そうすることでエメラルドの産地であるインドを支配した喜びと誇りを表していたのだといいます。

中世には宝石が薬としても用いられた

宝石がもつエネルギーを取り込み、味方にする方法は身につけるだけではありません。古代の人たちは宝石のエネルギーを知り、もっとダイレクトに力を得たいと思ったのでしょう、宝石を細かく砕いて薬として服用することもありました。もちろん、宝石は貴重な品ですし高価なものですから、庶民にそんなことはできるはずもありません。王侯貴族や聖職者などの権力者が自らの健康のため、そして宝石の力を得るため、あるいは悪に打ち勝つために、宝石を服用したのです。

現代でも美容の分野では金やプラチナ、ダイヤモンドを粉末にしたものを美容成分として配合された化粧品はありますし、なかでも真珠の粉末は化粧品だけでなく漢方薬としても使われています。漢方薬の材料のなかには、石膏や滑石、石英など鉱物も含まれます。

もちろん現代では宝石を飲むことはありませんし、宝石を飲むと聞くと抵抗感を覚える人も多いでしょう。そのため、「宝石を薬にして飲めば健康になれる、エネルギーが得られる」といわれても呪術的としか思えず、受け入れられなくて当然です。しかし、当時は非金属から金属、特に金を精錬する錬金術が信じられ、現代でいう化学と同様の学問・技術として活用されていた時代です。そうしたなかで、鉱物は時間が経っても劣化しない、永遠不変の存在として不老不死の妙薬ととらえられていました。鉱物のなかでも美しく、希少で高い硬度を誇る宝石に特別な効果を見いだし、薬効があると信じられたのでしょう。

ヨーロッパで宝石を薬として使っていたのは、中世の頃です。宝石のエネルギーを体内に取り込むことで自らのエネルギーを高めると同時に悪しきものを遠ざけ、戦争に際しては敵に勝つためなど、いくつもの目的があったはずです。古代ギリシャでは「世界の物質は火・風・水・土の四元素から構成される」という考えがあり、宝石もその一部としてさまざまな効能が信じられていたのではないかと考えられます。

本来「呪いの宝石」は存在しない

宝石に不思議な力があると聞くと、「呪いの宝石」を思い浮かべる人がいると思います。数百年前の宝飾品のなかには、身につける人を次々不幸にする、災いが訪れるなど、悪い伝説を抱えたものが存在します。ホープダイヤモンドや、コ・イ・ヌール・ダイヤモンドは呪われた宝石として世界的に有名で、「決して身につけてはならない。必ず災いが訪れる」といわれています。

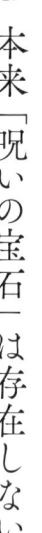

このほかにも、所有者に財産問題や健康問題をもたらし、血で汚れているとさえいわれたデリー・パープル・サファイア、これを持つと結婚生活が破綻するといわれるラ・ペレグリナ・パール、ロシア皇太子をはじめ、持ち主が不審死を遂げるブラック・オルロフ、実在も不確かな呪いのブルーダイヤモンドなど、因縁のある宝石はたくさんあります。

こうした話を耳にした結果、「宝石は怖いもの」と思い込んでしまう人がいるなら、それはとても残念なことです。

地中深く何億年もの長い時間をかけて育まれた宝石は、地球のエネルギーを取り込んだピュアな存在です。そこには本来、持つ人を陥れるようなネガティブな力は宿っていません。しかし、持つ人を不幸にする「呪いの宝石」の物語が語り継がれるのには、いくつかの理由があると考えられます。

まず、宝石のエネルギーを活用する際には、適切なお手入れ、浄化が必須です。詳しくは第3章（131ページ）でお伝えしますが、宝石は持つ人と共鳴するため、持ち主のネガティブな要素を吸い込んでしまうことがあります。特に何百年も前から宝飾品として使われてきた宝石ほど、持ち主が変わるごとにその人のネガティブな思いを吸い込み、溜め込んできた可能性があります。それにもかかわらず、浄化をせずに宝石を使い続けると、マイナスのエネルギーを放つようになってしまうのです。

もう一つは、こちらも第3章（120ページ）で詳しくお伝えしますが、宝石は持つ人との相性が非常に重要です。自分とエネルギーの相性が合っていない宝石を持っても、運気を高めたり、心身を元気にしたりといったポジティブな効果を得ることはできません。

感性の高かった古代の人々は、自然と自分に合ったものを選ぶことができたのだと思いますが、時代が進むにつれてその感性は徐々に減っていってしまったのではないでしょうか。皆さんには過去の不穏なエピソードに惑わされることなく、現代の智慧を活用して、ピュアな宝石と出合っていただければ幸いです。

歴史の英雄と宝石

ここで歴史に名を残す、世界的にも有名な3人の英雄と宝石のエピソードをご紹介しましょう。

アレキサンダー大王

紀元前300年頃に実在したアレキサンダー大王ことアレキサンドロス3世は古代ヨーロッパを代表する戦略家として知られています。ギリシャ北部の古代王国、マケドニアの君主であり、ヨーロッパからアジア一帯を征服した偉大な英雄です。20歳にして父フィリッポス2世のあとを継いだアレキサンダー大王は、ギリシャを征服したあと、東西4500kmにも及ぶ地域を征服しました。ヨーロッパ諸国のみならず、アフリカ大陸のエジプト、メソポタミアを制圧し、さらにペルシア帝国を滅ぼし、ギリシャからオリエント世界を含む世界帝国であるアレキサンドロスの帝国を出現させました。

リーダーとしての能力も優れており、先陣を切って戦ったため、兵士たちの尊敬を集めたことも連戦連勝の秘訣でした。勇敢で野心的な性格で、強いリーダーシップと戦略的才能で知られるアレキサンダー大王は、知識欲が旺盛で哲学や文化にも関心をもち、自己の偉業を追求する情熱が強いと分析されています。

そんなアレキサンダー大王の勇気と力の源になったのが、クリソプレーズです。透明感があり、さわやかなアップルグリーンの宝石で、陽に当たると褪色してしまう性質があると信じられていました。そのため、アレキサンダー大王はクリソプレーズを守護石として身につける際はベルトの内側に挟んでいたといわれています。クリソプレーズは敵から身を守ってくれる力があり、神の大きな恵みと力を与えてくれるものとして、遠征に向かうときは自分の身につけるもの以外にも用意させ、征服した土地に1つずつ埋めて神の恵みを祈ったといいます。

アレキサンダー大王はインド遠征から帰国したのち、32歳という若さで病没してしまいます。それは、水浴するためクリソプレーズを入れていたベルトを外したところ、ベルトを蛇に噛まれてクリソプレーズが川に流されてしまい、守護石を失ったせいだという言い伝えが残っています。この噂話からも、当時の人々がアレキサンダー大王とクリソプレーズの結びつきを信じていたことがうかがえます。

また、エジプトを征服したときにはギリシャから鉱夫を連れていき、エジプトのエメラルド鉱山を採掘させたそうです。古代人がこよなく愛したエメラルドからも力を得ようとしていたことがうかがえます。

クレオパトラ

世界三大美女の一人であり歴史に残る絶世の美女としてその名をとどめるのが、古代エジプト・プトレマイオス王朝の最後のファラオである女王、クレオパトラです。美貌だけでなく知性にも秀でたクレオパトラは、エジプトでも採掘されるエメラルドをこよなく愛したことでも知られます。エメラルドの鉱山を我が物にし、クレオパトラ鉱山と名付けてそこから採れるエメラルドを独占したといわれています。ジュエリーとして身を飾るだけでなく、粉末にしてアイシャドウにしていたという逸話も残されています。

また、次のような真珠のエピソードもよく知られています。

古代ローマの将軍アントニウスに対し、クレオパトラは豪華な宴会でもてなしました。アントニウスが「さぞ莫大な費用がかかったことでしょう」と聞くと、クレオパトラは「私にとってこの程度はほんのはした金。本当に贅沢な宴に列席したいなら、明日お目にかけましょう。もしできたらどうなさいます?」と賭けに挑みます。アントニウスは賭けを受け入れ、翌日、審判を連れて再度クレオパトラのもとを訪れますが、前日ほど費用がかかっているように見えません。すると宴会が終わる頃になって全身を宝石で飾り立てていたクレオパトラが従者に酒盃に酢を入れて持って来るように命じました。

従者が酒盃を持って来ると、クレオパトラは巨大な真珠の耳飾りを1つ外して酒盃に落とし、溶かしてしまいます。その真珠は世界に2つしかない希少なもので、小国が1つ買えるほど高価なものでした。誰もが息をのむなか、クレオパトラは真珠が溶けた酢を飲み干しました。そしてもう1粒の真珠も同じようにしようとすると、審判が慌ててそれを止め、クレオパトラの勝利を宣言しました。ファラオの誇りをジュエリーによって表したのです。

ナポレオン

19世紀初頭、革命により王朝が崩壊したあとのフランスに颯爽と現れ、フランス皇帝にまで上り詰めたのがナポレオンです。軍事の才があるだけでなく、歴史や文化にも強い関心をもち、エジプト遠征のときには膨大な戦利品を持ち帰っただけでなく、エジプト誌とする本を出したほどでした。

ファッションやジュエリーにも興味があり、ヨーロッパのほとんどを征服したのち、各国王侯のカメオを収集しました。ルネッサンス以降のカメオをパリに集め、イタリアから職人を呼んでカメオ彫刻の学校をつくるほど情熱を燃やしていました。また、当時プロシア帝国（プロイセン帝国）がナポレオン戦争の軍資金のためにと、金銀宝石を提供した国民に対してベルリン・アイアンと呼ばれる鋳鉄のジュエリーを与えていたのを気に入り、プロシアを征服後、鋳鉄の職人と工房をパリに移しています。最初の妻ジョセフィーヌと2人目の妻マリー・ルイーズにも多くのジュエリーを贈るなど、宝石への造詣が深いナポレオンにとって特別なものが、カール大帝の守護石であるサファイアです。

それはナポレオンが皇帝になって間もない頃、当時の妻ジョセフィーヌは夫のためアーヘンという土地にある大聖堂からサファイアを譲り受けました。このサファイアは千年前のフランク王国の王位についたカール大帝の守護石だったもので、ナポレオンがカール大帝を尊敬していたこと、芸術性や知性を高めるエネルギーをもつ石だったことから、皇帝にふさわしい宝石だと考え、夫に贈ったのです。

ところがナポレオンはこのサファイアをジョセフィーヌに改めて与えてしまいます。それは、浮気がちな妻の気持ちを抑えるためでした。サファイアには精神を安定させ、浮気心を鎮めるエネルギーがあることを知っていたのが理由です。サファイアのエネルギーはたちまち効力を発揮します。ジョセフィーヌの浮気癖はおさまり、夫に献身的に尽くす良妻へと変貌したのでした。

日本人と宝石・縄文時代から愛されてきたヒスイ

日本人はいつ頃から宝石を身につけていたのかご存じでしょうか。近年のいわゆるジュエリーとしての宝石は明治以降に西洋から入ってきたものです。しかし歴史を紐解いていくと、実はそのはるか大昔の縄文時代から、日本列島に住む人々は宝石を身につけていたことが分かっています。

縄文時代とひとくちに言ってもその期間はとても長く、諸説ありますが、今から約1万6000年前から2000年前までの1万年以上の期間を指します。その時代に日本列島に暮らしていた人々が縄文人と呼ばれているのです。

近年DNA解析が進んだことにより、縄文人のDNAはその時代に大陸に暮らしていた人々とは違ったルーツをもっていることが分かってきました。そして縄文の文化もまた、同時代の大陸での旧石器時代、新石器時代のものとは異なり、独自の進化を遂げた特別な集団だったことが分かってきているのです。

何が特別だったのかというと、縄文時代はとても「平和」だったのです。縄文時代と同時代に欧州で暮らしていた狩猟採集民族の遺跡から発掘される人骨には、頭に矢じりが刺さっていたり、肋骨に槍が刺さっていたりするものが多くあり、争いが頻繁に起こっていたことが分かります。しかし、縄文時代の遺跡からはそういったものがほとんど見つからず、争いが極めて少なかったことが分かるそうです。

縄文人の衣服や装飾品からも、縄文時代が平和だったことがうかがえます。縄文時代の人たちはとてもオシャレで、全国に点在する遺跡からは動物の骨や牙、角、貝殻、粘土などでつくったヘアアクセサリー（ピンのようなものや櫛）、ヒスイやメノウなどでつくった耳飾り、首飾り、腕輪、足飾りなどが出土しています。ちなみに、耳飾りは女性、首飾りは男性がつけたといわれています。美しく着飾れていたということから、それだけ平和で生活に余裕があり心が豊かであったことが推察されます。争いの危険があったら着飾る余裕はなく、装いは簡素なものになったはずだからです。縄文の人々はきっと宝石がもつエネルギーを自然と体感しながら身につけていたのではないでしょうか。

のちの西洋文明では権力者が自らの権勢を誇示し、他者を威圧するためにきらびやかな宝石を使った装飾品を身につけていました。しかし、身分差がなく平和だった縄文時代に用いられた装飾品は、他者へのアピールというよりは魔除けや呪術的な意味合いが強く、そのエネルギーを活用して地球や宇宙という大自然と共鳴していたと考えられます。

そのなかでも特別な存在が、ヒスイでした。およそ5000年前の縄文時代には、世界でもまれなヒスイ文明が栄えていました。その発祥の地は、現在もヒスイ産出の場所として知られる新潟県糸魚川周辺の地域で、ここから九州北部、北海道までを網羅するヒスイの交易路が確立されていました。これは、同じ時代のエジプトやメソポタミア文明に匹敵するほどのものだったと考えられています。

最初の頃、ヒスイは「大珠《たいしゅ》」という5～15㎝前後の大きさの細長い楕円形で、ほぼ中央に穴が開いているものが用いられていました。これは縄文時代の中期から後期にかけての2000年間にしか存在しないものと考えられています。ヒスイは元来硬く加工しにくい材質ですが、研磨剤（石英を主とする石英砂）を使って竹管で穴を開けていたようです。

こうしてつくったヒスイの大珠は主に死者を埋葬した墳墓から発掘されていて、死者の魂が安らかであること、そして子孫を見守ってほしいという願いからの副葬品と考えられました。このように、日本で装飾品を使って体を飾る風習は古墳時代まで続きます。古墳時代に入ると、権力の象徴や身分を表すものとしての側面も強くなっていったようです。

しかし日本でヒスイなどの宝石を身につける文化は、弥生時代を経て、古墳時代が終わり飛鳥時代に入ると急速に消滅していきます。

奈良時代から明治時代に至るまでの約1100年間、これらの装身具は、日本文化から忽然と姿を消したのです。いったいどうしてなのでしょうか。

装飾品として宝石が発展しなかった日本

日本の歴史を振り返ると、例えば帝が宝石を身につけていたという話はほとんど聞きませんし、将軍が鎧や兜を宝石で飾ったということもありません。

そもそも日本における装飾品の歴史は、諸外国とは少々異なっています。縄文時代、弥生時代など古代の遺跡からは耳飾りや首飾りなどが多く出土していたものが、古墳時代後期からは有力な豪族の墓は副葬品としての多くの装身具が出土するのに対し、地方の豪族の墓からは鏡や銅剣が出土するなど、装飾品が見られなくなってくるのです。

縄文、弥生、古墳時代まで見られていた装飾品は、飛鳥時代、そして、室町時代に入ると、日本の歴史から姿を消してしまいます。安土桃山時代に来日した宣教師は、「我々は真珠を装身具の材料に使うが日本では薬として搗《つ》き砕くよりほかには使用されない。またヨーロッパの女性がつける宝石のついた指輪なども一切身につけず、金銀で作った装身具も身につけない」と驚きを書き残しています。

平安時代など美意識が高い時代でも装飾品が発達しなかったのは、着物が艶やかで宝石をつける必要がなかったという説もあります。男性も装飾対象は身を飾るアクセサリー類ではなく、刀や鎧といった武具へと移り変わります。平安時代後期から鎌倉時代にかけて武士が勢力を持つようになると、実用性に富んだ日本刀が発展し、一騎打ちの際に相手を威圧し存在感をアピールするような鎧や兜、刀が好まれるようになっていきます。

刀に対して「宝刀」という呼び方もありますが、それは宝石がはめ込まれている刀という意味ではなく、宝と呼ぶにふさわしい名工による刀や先祖伝来の刀を指しており、西洋の権力者の肖像画に見られるような、宝石をあしらったきらびやかな刀とは一線を画しています。

再び装飾品が日本の歴史に顔を出すのは江戸時代に女性がつけたかんざしや櫛などの髪飾り、男性が懐に入れていた印籠や根付などで、古代日本人が身につけていた首飾りや耳飾り、指輪といった、いわゆるアクセサリーが再登場するのは明治を待たなければなりません。つまり千年以上、日本は装飾品のない時代を送っていたのです。

これは世界的にも特異なことで、歴史学者は驚きをもってこの現象を「アクセサリーが消えた日本史」などさまざまな言葉で表現しています。

千年以上の時を経て、近代に再び花開く宝石と装飾品の文化

千年以上にわたって装飾品をつくらなくなったとはいえ、素材や技術まで途絶えてしまったわけではありません。

日本ではヒスイやサンゴ、真珠などは品質の高いものが産出されていました。そのうち真珠は薬として使われたり、鉱物は岩絵具としても使われたりしていたようです。そして、日本の職人がもつ技術は素晴らしく、彫金や宝石研磨だけでなく、金属を叩いて伸ばす鍛金、金属を溶かして型に入れて形をつくる鋳金という宝飾品の製作に欠かせない高い技術力がありました。

もし装飾品の文化が途絶えていなかったら、きっと素晴らしいアクセサリーが生まれていたに違いありません。

こうした技法は、刀や茶道具、たばこ入れなど精緻な工芸として発展し、さらに

江戸時代には女性用の髪飾り、帯留、男性が使う印籠、根付などに活かされ、当時の粋人たちを喜ばせていました。江戸時代は世界で類を見ないほど髪飾りの文化が発展し、金や銀を地金にして貝を使った蒔絵細工や、渡来品であるサンゴやべっこうを使ったかんざし、櫛が憧れの的になったといいます。

西洋のように恋人に宝石の入った指輪やペンダントなどを贈るという文化はありませんでしたが、かんざしや櫛などの髪飾りを贈るということはありました。

幕末から明治になると指輪などが富裕層の間で広がっていきます。日本で西洋式の宝石を使った装飾品が作られるようになったのは明治10年頃です。

東京・上野で開かれた第1回内国勧業博覧会に指輪が出品されたという記録が残っています。この頃の美人画にも、女性の指には指輪が描かれていました。そして明治16年に始まる鹿鳴館時代には、洋装に金のネックレスやダイヤモンドの指輪をつけた貴婦人が登場します。

西洋文化が入ってきてすぐに宝飾品がつくられるようになったのは、こうした技術の蓄積があったからこそでしょう。明治10～20年代にはダイヤモンドやオパールをあしらった帯留が流行したといいます。

千年以上の空白を経て装飾品の文化が一気に開花した背景には、いうまでもなく江戸時代からの彫金をはじめとする職人の技術があったことに間違いありません。

大正時代から昭和初期にかけて、洋装も広がったことに伴って装飾品もバラエティー豊かになります。装飾品は和装、洋装にかかわらず髪飾りが中心となり、和装では意匠をこらした帯留も流行します。

日本人の服装が和装から洋装へと変わるきっかけの一つに関東大震災がありますが、洋装が増えるにつれて男性もネクタイピンやカフスなどの装飾品をつけるようになります。

宝石はダイヤモンドのほか、ヒスイや真珠、カラーストーンが流行します。特に真珠は、御木本幸吉により開発された養殖の真円真珠が和洋両方の装飾具として大流行しました。

昭和に入ると日本人のジュエリー職人も続々と生まれて、国内生産が盛んになります。すると、もともと手先が器用な日本人の気質が活きて製作技術が向上し、ますます市場は活気づくようになっていきました。

こうして千年以上の時を経て、ようやく「宝石を身につける」という文化が日本に戻ってきました。それは同時に、「宝石業界」「宝石商」の誕生を意味していました。

日本人に宝石がついた装飾品が広がったのは、高度経済成長期の１９６０年代です。１９６１年にダイヤモンドとルビーやサファイア、エメラルドといった色石の輸入が自由化され、海外から宝飾品がどっと流入します。国内ジュエリー市場は急拡大し、大量生産・大量販売の時代が到来します。

結納の品々に婚約指輪を添える文化が始まったのもこの頃でした。

今では婚約指輪といえばダイヤモンドが定番となっていますが、１９６０年代にはルビーやサファイア、エメラルドといった色石や真珠が一般的で、ダイヤモンドが占める割合は約７％にすぎませんでした。

それが大きく変わったのは、１９７０年代にイギリスの宝飾品ブランドが「ダイヤモンドは永遠の輝き」と大々的に広告を打ち、「婚約指輪は給料の３カ月分」というガイドラインを設けたことが始まりです。さらに１９８０年代後半に芸能人が婚約会見で、「ダイヤモンドの婚約指輪は給料の3カ月分」と発言したことでこのガイドラインが一気に広がり、定着しました。

これにより、日本は世界一のダイヤモンド消費国に成長しました。

このような歴史を経て、日本にいる私たちは再び今、宝石と出合っているのです。

第2章

宝石業界の革命児が現代によみがえらせた
宝石の真の価値

日本の宝石市場が急成長したのはなぜ？

意外に思う方も多いかもしれませんが、海外の宝石業者に話を聞くと「現在の日本の宝石市場や消費者は、諸外国と比べて成熟している」といいます。多くの日本の消費者は宝石、特にカラーストーンの知識が豊富で、ルビー、エメラルド、サファイアなどの世界的に有名な宝石以外のこともよく知っているし、良い宝石を選ぶ目をもっている人が多いというのです。

欧米諸国は日本と比べて宝石の歴史は長いですが、特別なコレクターを除くと、一般の消費者でカラーストーンの知識が豊富な人は珍しいのだそうです。また、中国では昔から運気を高めるとしてヒスイが人気でしたが、それ以外のカラーストーンの歴史は浅く、この10年ほどで日本の市場を追うように広まっているといいます。

そして、近年の日本では人の心や体を癒やすエネルギーの観点からも、改めて宝石が注目されるようになっているのをご存じでしょうか。

第2章
宝石業界の革命児が現代によみがえらせた宝石の真の価値

第1章でお伝えしたとおり、日本人は古代から自然と調和し、宝石の真の力を活用してきましたが、その後、千年以上にわたって宝石を身につける文化が途絶えていた、海外でも例を見ないとても珍しい国です。そんな日本の宝石市場が現在、海外の業者から見て成熟しているというほど急成長したのはなぜなのでしょうか。

その大きなきっかけをつくったのが、宝石業界の革命児とも呼ばれた、宝石店・ギンザベルエトワールの創業者・岡本憲将氏です。宝石が少しずつ一般の人々のもとに広がり始めた戦後の日本に生まれた岡本憲将氏は、他者とはまったく違ったアプローチで宝石と向き合い、ただビジネスの道具として宝石を販売するのではなく、宝石の本当の価値を人々に伝えるための啓蒙活動をライフワークとしてきました。

戦後の日本の宝石業界に大きな影響を与えた岡本憲将氏とは、どのような人物なのでしょうか。

終戦の翌年に生まれ、経営者の両親のもとで育つ

岡本憲将氏（本名：俊男）は終戦の翌年となる１９４６年、栃木県宇都宮市に生まれました。父は農薬の会社を経営し、母は美容師と理容師の両方の資格を持って理髪店を兼ねた美容院の経営をする、当時としては珍しいキャリアウーマンでした。自宅のすぐ横にこの美容院があったため、憲将氏が幼い頃にはたくさんのお弟子さんが住み込みで働いており、忙しく働く母の姿を間近で見ていました。新しいパーマネントの技術を東京まで学びに行っていち早く取り入れたり、美顔（エステ）を導入したり、戦後の人々が貧しい時代でも、女性が輝くこと、喜ぶことへ積極的にチャレンジする母の姿は、憲将氏へも大きな影響を与えたのかもしれません。

少年時代の憲将氏は、学級委員長もするけれど、いたずらもする、とても活発な少年でした。勉強もスポーツも得意で、クラスのリーダータイプでしたが、特に大きな夢があったわけではなく、大人になったら父のあとを継いで農薬の仕事をする

のだろうと、漠然と考えていたといいます。

ただ一つ、「大きくなったら人を助けたい」という思いを作文に書いたことがあり、これは成長しても変わることはなかったそうです。潜在的にあったこの思いが、時を経て大きく開花することとなります。

転機となった、大きな挫折

憲将氏の人生の最初の転機となったのは、中学生のときに経験した大きな挫折でした。

中学3年生のとき、友人と相撲をとったときに足をけがして、歩くことが困難になってしまったのです。そこから長い通院の日々が始まり、整形外科だけでなく漢方、鍼、灸、温泉療法など、さまざまな治療を試しましたが、まったく良くならなかったといいます。

高校へ進学しても足が良くなることはなく、高校1年、2年という青春の真っ盛りも、自分は治療の日々。周りの皆が学校も部活も楽しそうに過ごしているのを見ると、自分だけが取り残されたようで、体だけでなく精神的にも落ち込んでいきました。

そんな心身ともにつらい日々が続き、高校3年生のときに「このままではだめだ！」と気持ちを奮い立たせて、逆療法のような気持ちで始めたのが、ボディビルのトレーニングだったといいます。すると不思議なことに、上半身を鍛えることでだんだんと足も良くなり、同時期に良い指圧の先生にも出会えたことで、高校3年の後半には完治しました。

しかし、足は良くなったものの、その頃になるとすっかり大学受験には出遅れていました。かろうじて大学には入れましたが、本来の自分の能力から考えると満足のいくレベルではなく、周りでは自分より勉強ができなかった人が偏差値の高い大学に合格していて、すっかり自信をなくしてしまいました。

人生を逆転するため、海外を目指す

望んでいた大学に行けなかったというコンプレックスを感じながら、人生に自信をなくして過ごしていた大学入学前のある日、たまたま母の経営する美容院にヨーロッパ帰りのお客さんが来ました。日本人の海外渡航が自由化されたのは1964年で、憲将氏が18歳になった年ですから、まさにその直後です。ほとんどの人が海外なんてテレビか映画でしか見たことがない夢のまた夢の世界……という時代、その人が自慢げに「ヨーロッパはこんなにすごかった！」と話すと、皆が羨望のまなざしを向けてその話に聞き入って、まるでスターのようだったといいます。

その様子を見て憲将氏はひらめきました。

「自分の人生を逆転するのはこれしかない！」

大学時代にお金を貯めて、卒業して海外に行けば、人とはまったく違う経験をすることができる。そうすれば、自分にも何か誇れるものができるのではないか。

そのときは、海外に行って何がしたい、どこの国に行きたい、という具体的なことは何もありませんでした。とにかく海外へ行けば、高校時代に失った自信を取り戻して、何か人生が拓ける気がする……そんな直感だけを頼りに、憲将氏は海外を目指しました。

人生の再起をかけて、世界旅行へ

大学時代は単位ギリギリでバイトに明け暮れて、海外旅行の資金を貯め、旅に慣れるために日本各地の旅行もしました。両親も最初は海外行きを反対しましたが、父の仕事と関係があるドイツの製薬会社を見学してくるという名目で、なんとか納得してくれたそうです。

そして大学を卒業した1969年、22歳の憲将氏は横浜港から船でソ連（現：ロシア）のナホトカへと渡りました。そこからはシベリア鉄道でハバロフスクへ。そして飛行機を乗り継いでモスクワから北欧、フランス、ドイツ、スペイン、さらにアフリカ大陸のモロッコなどに滞在しながら、約1年をかけて遊学しました。最初は英語力も乏しくホームシックになったこともあったそうですが、徐々に持ち前のバイタリティーと行動力を発揮して、各地で友人をつくり、海外生活を謳歌していきます。

初めて出合う、文化も生活も異なる世界は、毎日驚きの連続でした。なかでも印象に残った街がパリです。フランスの人々の、自分の人生と喜びを大切にする生き方は当時の日本人とはまったく違ったもので、憲将氏も大きな刺激を受けたといいます。そして、その自由な価値観のパリの象徴として心に残ったのが、街の中心にある自由の象徴、エトワール凱旋門でした。

ヨーロッパ各国でさまざまなお店を見て回るなかで出合ったのが、美しい宝飾品の数々です。凝った細工をあしらったものや、美しい宝石を使ったものなど、当時の日本にはまだ少なかった本格的なジュエリーを初めて目にしました。ヨーロッパでは男女問わず装飾品を身につける文化が根付いており、何代も前の祖父母から受け継いだものを身につけている人も多くいることに驚いたそうです。

こうして広い世界と出合い、さまざまな新しい経験から大きな自信を手に入れた憲将氏は、意気揚々と帰国しました。

再度海外へ行くという夢のために、一念発起しての起業

1年の海外遊学を終えて宇都宮へ戻った憲将氏は、自分で想像していた何倍も周りの人たちから注目されました。旅の写真展を開けば、普通のカメラで撮った風景写真が飛ぶように売れたり、地元の有力者が集まる会で海外の話をしてほしいと講演を頼まれたり、地元で一躍、時の人となったのです。

そして憲将氏は強く思いました。

「またいろいろな国へ行ってみたい！」

しかし、長期休暇に旅行に行くのでは、1年に多くても1、2回しか海外へ行くことができません。それならば、仕事で世界各国を旅することはできないかと考え

た憲将氏は、海外へ行く機会の多い仕事を模索します。

そんななか、たまたま始めたのが輸入雑貨店でした。輸入雑貨店ならば、いずれ商品の仕入れで世界各地を旅することもできるだろう。そう思って1970年、宇都宮市内にオープンしたのが「ベルエトワール」です。フランス語で「ベル」は美しい、「エトワール」は星を意味します。パリの街で印象に残った凱旋門の通称も「エトワール」。またフランスを旅する日を夢見てつけた名前でした。

宝石との運命の出合いと、流通価格への疑問

輸入雑貨店「ベルエトワール」では、指輪やネックレスなど海外の安価なアクセサリーも取り扱っていました。すると、たまたま来店した友人の知り合いが宝石の卸業をしており、ベルエトワールにも宝石を置いてみないかと言われました。これが、憲将氏が宝石業界に足を踏み入れる第一歩となりました。

当時、高度経済成長で少しずつ裕福になり始めた日本の人々に、宝石の需要はあ

りました。ただ、歴史のなかでヨーロッパのように宝石が身近な存在ではありませんでしたから、消費者は品質に関しても、価格に関してもまったく知識がなく、明確な判断基準もありませんでした。

憲将氏は、それまで宝石の勉強をしたことはありませんでしたが、ヨーロッパを旅した際に興味があってのぞいていた各国のジュエリー店での店頭価格と比べると、日本の宝石はかなり高いように感じたのです。

そのことに疑問を抱いて東京の宝石問屋へ相談に行くと、問屋は大問屋から宝石を仕入れているといいます。そこで今度はその大問屋へ行くと「あなたは小売業者なんだから、大問屋ではなく問屋から仕入れなさい」と言われてしまったのです。

当時の日本の宝石業界には問屋や大問屋がたくさん存在し、それらの問屋が商品を卸すたびに利益を乗せていたので、小売業者の元に届くときにはもともとの価格からかけ離れて、非常に高額になってしまっていたのです。また、ただでさえ中間業者が多いのに、さらに「仲間卸し」といって問屋間で商品を卸してマージンを取り、卸値をどんどんつり上げる仕組みも当たり前のように横行していました。その仲間卸しの多さも、最終的な小売価格を上げていたのです。

この仕組みに納得がいかなかった憲将氏は、その大問屋がどこから仕入れをしているのか調べると、輸入業者からだということが分かりました。そしてさらに輸入業者はどこから宝石を仕入れているか調べると、宝石の原産国からだといいます。

宝石をヨーロッパ諸国のようにもっと安価でお客様に販売したいという思いから、憲将氏は原産国へ自ら買い付けに行くことを思いつきました。今でこそ、海外旅行は気軽なものとなり、原産国へ直接買い付けに行く会社も増えてきましたが、当時の宝石業界から考えると、それはあまりにも非常識で無謀なことでした。しかし、先のヨーロッパ旅行で培われた自信と経験から、憲将氏は迷いもなく買い付けに行くことを決めたのです。

最初の行き先はエメラルドの原産国、コロンビア。世界地図のどこにコロンビアがあるのかも知らないまま、怖いもの知らずの青年は、買い付けの資金だけを持って日本を飛び出しました。

何も分からないコロンビアで、エメラルドの直接買い付け

自分で輸入すれば、宝石の本当の価格も分かってくるだろう、流通機構もはっきり見えてくるに違いない、そんな気持ちで憲将氏はエメラルドを仕入れるため、コロンビアへと旅立ちました（196ページ参照）。

今の時代なら自宅でパソコンを開けばインターネットで世界中につながり、行ったことのない国の情報はすぐに手に入ります。会ったことのない相手でも、ホームページなどを通じてコンタクトを取り、相手の顔を見ることなく取引ができるかもしれません。しかし、憲将氏が「問屋を通さず自分で宝石を仕入れる」と決意したのは1970年代初頭。地球の裏側にある国の情報が入ってくる手段もなく、ましてや伝手もなく宝石を売ってもらうなど、あまりにも無謀なことでした。

憲将氏はエメラルドの買い付け資金として現金250万円を携えてコロンビア

へと出発します。そして、街を歩き回り、ようやく宝石を売ってくれる人が見つかったのはコロンビアに到着して1週間が経った頃だったといいます。宝石商のドアを開けたらガードマンに拳銃をつきつけられるなど、日本では映画の中でしか見ないような経験をしたのち、エメラルド約100点を250万円で購入することができました。日本で購入するより格段に安かったといいます。

当時、憲将氏は20代半ば、ここで終われば勇気ある若者の成功譚ですが、行動力に任せて走ったため、宝石の輸入には法的な手続きが必要なこと、海外で108万円以上（当時）の買い物ができないことを知らないまま、250万円分の宝石を購入してしまったのですから、そのあとが大変でした。

帰国後に銀行の外国為替窓口で手続きをしたり、通産省（当時）に通って改めて認可をもらったりと、大変な苦労があったといいます。対応した銀行員も通産省の役員も、あまりにも計画性のない向こう見ずな行動に、さぞ驚いたと思われます。

その一方で、なんの伝手もなくどのような政情なのか、治安はいいのか悪いのかといった事前調査もなく、単身で南米コロンビアに乗り込んで100点もの宝石を仕入れてきた若者に、驚くと同時に内心では喝采を送ったに違いありません。

こうしてさまざまな困難を乗り越えてエメラルドを店頭に並べると、まさに飛ぶように売れてしまったといいます。当時の小売価格から比べるとまさに破格値でした。

こうして憲将氏は宝石を安く仕入れる方法を見つけたのと同時に、流通革命を行うべくさまざまな行動を起こします。

原産地から直輸入し、高品質で財産性の高い宝石を提供する

コロンビアに次いで、ブラジル、タイ、スリランカなど、世界各地の宝石産地、集散地で憲将氏は買い付けを行っていきました。ベルエトワールも輸入雑貨店から宝石専門店へと変わり、宇都宮市内で店舗を増やしていきました。原産地から直輸入する宝石店は、驚きとともに消費者へ受け入れられていったのです。

ここからベルエトワールの快進撃が始まります。扱う宝石はブローカーや問屋な

ど中間業者を経ず、鉱山や原産国の集散地に飛び直接交渉し、購入します。それにより、品質の高い宝石をほかの店に比べて安く販売することができたのです。これは宝石の財産性という価値を担保するものでした。できるだけいい宝石が欲しい、けれども予算は限られているという大多数の消費者にとって、財産価値のある高品質のものを手に入れられるのだから、これほどうれしいことはありません。

当時の日本は「ダイヤモンドは永遠の輝き」という企業のキャッチコピーが広がり、宝石といえばダイヤモンド、ダイヤモンドなら価値があると認識されていた時代でした。しかし、原産地を訪れた憲将氏は色石の魅力と可能性に気づいていました。

ダイヤモンド一辺倒だった日本の価値観に疑問を呈して色石にこだわり、エメラルド、サファイア、ルビーといった有名な宝石だけでなく、オパールやトパーズといった日本では価値が低いという誤解をされがちな宝石、さらにアレキサンドライト、タンザナイトといった日本人がまだ知らなかった、世界的にも希少価値のある宝石を次々と日本で紹介していきました。

鉱山での採掘に着手、深まる宝石への愛情

宝石の原産地を訪れるようになってから、宝石が採れる鉱山に神秘とロマンを感じ、大きな憧れを抱いた憲将氏は、ついに宝石の一大産地であるスリランカのラトナプラに鉱山を所有することになりました。初めて鉱山を所有できたときには大きな喜びと感動がありました（196ページ参照）。

鉱山を所有して宝石を採掘するというのは、それまで行ってきた卸業や小売業とはまったく別の世界です。そう簡単には良い宝石が採れないことも実感としてよく分かり、日本に届く宝石が現地で採れている宝石のなかでどれだけ希少で質の高いものなのかということも、改めて実感したといいます。

のちに憲将氏は、オーストラリアでブラックオパールの鉱山、ミャンマーでルビーとヒスイの鉱山、シエラレオーネでダイヤモンドの鉱山、ケニアでガーネットの鉱山など、世界各国で宝石鉱山を所有して採掘を行っていきました（197、198ペー

ジ参照）。

宝石が採れる所はいずれも僻地で、日本から訪れるには時間も労力もかかり、時には危険も伴います。なぜそこまでして原産地を訪れるのかと聞かれた憲将氏は「自分が好きになった相手が、どんなところで生まれ育ったのか見てみたいと思うでしょう？　宝石の鉱山を見に行きたいと思うのも同じことなんです」と答えていました。

宝石のことを知れば知るほど、宝石への愛情もまた深いものへとなっていったのです。

ジュエリーデザインの刷新

1970年代後半、日本のジュエリーと海外のジュエリーには大きな違いがありました。それはデザイン、そして作りのクオリティーの違いです。ヨーロッパにはジュエリーメイキングの伝統があり、多くの優秀なデザイナーがいましたが、彼らの作品はとても高く簡単に手の届くものではありませんでした。

当時の日本には、まだ現在のようにジュエリー学校も多くなく、デザインの勉強をしたことのある職人さんはほとんどいませんでした。当時の職人さんは「飾り職人」といわれ、もともとジュエリー専門ではなく、さまざまな生活用品等を伝統的に加工してきた人たちだったのです。このため、作る技術はありましたが、オリジナリティーがありデザイン性の高いジュエリーの加工にはなかなか対応できませんでした。憲将氏は日本でもヨーロッパのジュエリーに負けない質のいいデザインのものを販売するためにどうすればいいかと思案しました。そこで目を向けたのが、当時たびたび訪れるようになっていた香港です。

香港の小売店ではヨーロッパジュエリーに負けないクオリティーのものを、ヨーロッパと比べて低価格で販売していました。最初は質の良いジュエリーを販売する小売店に交渉して仕入れていましたが、しばらくするとそれでも物足りなくなり、ついには香港に自分で会社を立ち上げ、工場を作って自社でジュエリーを生産することになりました。香港の工場では、当時の日本ではまだ珍しかったイエローゴールドやホワイトゴールドのデザイン性の高いジュエリーを生産し、それを日本で販売して人気を博しました。

こうして、世界各国の宝石原産地から宝石を仕入れるのに始まり、スリランカでは鉱山で採掘を行い、香港ではジュエリーのデザインと加工も手掛けるようになりました。石の価格、加工賃についても詳しく知るようになると、憲将氏は改めて当時の日本における宝石の流通価格がどれだけ諸外国と比べて高いのかを痛感したのです。

業界を揺るがせた出版『宝石価格の秘密』

憲将氏が経営する店舗では、宝石を現地から直輸入して、品質の良いものを他店と比べて安い価格で販売していました。しかしこの店舗を訪れるお客様は「あそこのデパートの宝石店では半額に負けてくれたのだから、これも半額にして」というようなかたちで値切ってくることが常態化していました。1970年代の日本の消費者は、宝石の価格を判断するだけの知識がほとんどなかったのです。当時の多くの消費者にとってその宝石が安いか高いかを判断する基準は、小売店がどれだけディスカウントしてくれるかということでした。この状態に、憲将氏は危機感を覚えました。

日本の宝石業者も消費者も、宝石の品質と価格について盲目的な状態でやり取りをしているうちはいいですが、これから多くの人が海外旅行をするようになって海外での宝石の値段を知れば、日本の宝石が異常に高いことも消費者に分かり、日本の宝石業界そのものが信頼感を失いそっぽを向かれてしまうと考えたのです。

そこで憲将氏は驚くべき行動に出ます。消費者にこの問題点を伝え、宝石業界に携わる人々へ警鐘を鳴らすために、当時の日本の宝石業界の問題点を書いた本『宝石価格の秘密』（経済界）を出版したのです。業界のゆがんだ流通経路を赤裸々に書いたこの本はベストセラーとなりました。

宝石という素晴らしい価値のあるものを、多くの人が不安なく手に入れられるように。お客様が喜び、この業界に携わる人たちも良いかたちでビジネスを続けていくことができるように……そんな思いから出版した本ですが、当然最初は業界内から冷ややかな視線を向けられました。業界の裏側、タブーを明かしてしまったのですから、ある意味当然といえるでしょう。しかし憲将氏のなかで、このままでは日本の宝石業界そのものがだめになってしまうという思いは変わりませんでした。

業界全体の流通の改善には時間がかかりましたが、バブルのあと次々と仲間卸しを行っていた問屋や大問屋は潰れてしまい、それまでの体制では流通が成り立たなくなってきたために、結果的にかなり改善されていきました。

業界内から厳しい声があった半面、大手のデパートからぜひ取引をしてほしいと声がかかったり、全国の宝石店から講演をしてほしいと依頼があったり、憲将氏のビジネスの範囲も広がっていきました。憲将氏が行った、自分の会社の利益だけを考えず、消費者と業界全体を思って起こした行動が、結果的に自身の会社の信頼と発展にもつながっていったのです。

東京・銀座へ進出、色石の価値基準を啓蒙

結婚して4人の娘にも恵まれ、憲将氏は公私ともに順調な人生を歩いていました。そして1990年代半ば、バブルが崩壊して多くの宝石店がピンチに陥っている頃に、時代の流れに反して大きなビジネスチャンスが訪れます。それが東京・銀座への進出です。それまでは地元・宇都宮で小売店を数店舗運営しながら、全国へ向けて卸販売も行ってきました。いつかは東京の中心でも店舗を持ちたいと思っていましたが、バブル経済に沸く頃は賃料も上がり、テナントも争奪戦でした。しかし、バブルが崩壊して多くの企業が撤退を始めたときに、チャンスが巡ってきたのです。銀座5丁目の西五番街に出店が決まり、店名にも銀座を冠して「ギンザベルエトワール」となりました。

最初は顧客もいない新天地で苦戦しましたが、すぐにさらなる大きなチャンスに恵まれました。それがテレビ出演の依頼です。世界で宝石鉱山を所有している憲将

氏に着目したテレビ局から、特集したいと連絡がきたのです。

当時テレビの影響力は絶大で、憲将氏がオーストラリア・ライトニングリッジのブラックオパール鉱山を案内する番組がゴールデンタイムに放映されると、翌日から銀座の店舗は大にぎわいとなり、ビジネスも軌道に乗りました。

さらに、その番組を見た出版関係者から連絡があり、宝石の本を出版することも決まりました。『宝石の常識シリーズ』（双葉社）は、それまで分かりにくかった色石の価値基準を明確にし、多くの写真とともにビジュアルからも分かりやすい本として宝石原産地の情報なども伝えたため、人気を博しました。

ルビー、サファイア、エメラルドなどの十大宝石以外にも、パライバトルマリン、タンザナイト、インカローズなど、半貴石と呼ばれる、当時まだあまり有名ではなかった宝石も紹介し、一般消費者へ向けて色石の情報を啓蒙していきました。またこの本は、全国の宝石店でも社員教育のための教科書のように使われ、宝石を販売する側とお客様、どちらへも宝石の正しい知識が浸透していくきっかけとなりました。

さらにこの本をきっかけに、驚きの出会いもありました。それが、漫画『ちびまる子ちゃん』の作者として有名なさくらももこさんです。たまたま書店でこの本を見て、パライバトルマリンの美しさに魅了されたさくらさんは、ギンザベルエトワールに足を運び、憲将氏から宝石についてたくさんのことを教わったそうです。そして、ご自身の読者でもある若い世代にも宝石のことを知ってもらいたいと、ファッション誌で宝石に関する連載記事を書いたり、宝石に関するエッセイ『ももこのおもしろ宝石手帖』（幻冬舎）を出版したりと、新たなかたちで宝石の魅力を伝えていってくれたのです。

宝石のエネルギーへの気づき

宝石との関わりを深めていくうち、憲将氏が徐々に実感するようになったのが、宝石がもつエネルギーでした。第1章でもお伝えしたとおり、宝石は古くから世界で神秘的な力、特別なエネルギーを秘めたものとして人類と関わってきました。憲将氏も書物などで読んでそのことを知ってはいましたが、最初は深く信じてはいませんでした。しかし、世界中で多くの宝石と出合い、実際に触れたり身につけたりすることで、元気になっていく、力が湧いてくるといった実感を得るようになっていきました。

宝石には何か不思議な力がある、憲将氏の中でその思いを決定づけたきっかけは、あるお客様からの「ルビーをタイタックにしてつけるといいですよ」という言葉でした。その方の勧めどおりルビーを日常的に身につけるようになると、昔から悩まされていた鼻炎と冷え性が改善したのです。これがきっかけとなり、宝石がもつ力についての研究が始まりました。

その過程で宝石と人類の歴史を改めて知ることになります。宝石は何億年、何十億年という気が遠くなるような長い時間をかけて地球の奥深くで育まれ、強烈なエネルギーをもって地上に現れて、そして人類と出合いました。今よりもっと自然と一体化していた古代に生きる私たちの祖先は、宝石がもつエネルギーを敏感に感じ取って狩りの安全を願って身につけ、死んだ仲間が安らかに旅立てるよう副葬品にしていたのです。そしてその時々の権力者や聖職者が、自らの権勢を誇示するためだけでなく、国の進むべき道を判断し、直観力を得るために宝石を身につけていたことを知りました。宝石を身につけることで健康を取り戻せただけではなく、活力に溢れてビジネスもうまくいくようになったことに気づいた憲将氏は、宝石がエネルギーをもっていることを確信します。

しかし、宝石にはエネルギーがあり、人に良い影響を与えていることに気づいた1990年代当時、日本にはまだ目に見えないものの力やエネルギーについて受け入れる器は整っていませんでした。代わりに少し怪しげな「オカルト」という言葉が巷に溢れており、テレビでも、心霊や超能力といった言葉が飛び交っていた時代です。そうしたなかで「宝石には地球からのエネルギーが宿っており、人の心や体を癒やす力をもっている」と公に伝えるのは、時期尚早だと憲将氏は分かっていました。

時代の流れとともに、宝石の真価を世に発信

憲将氏には、この宝石のエネルギーはこれからの多くの人が必要とするものだという確信がありました。心と体が癒やされて豊かな状態になることは、人間が幸せに生きるための基盤です。地球のエネルギーを秘めている宝石は、人間を深くから癒やしてくれるに違いない。この宝石の真の価値を多くの方に伝えることこそ、宝石に深く携わってきた自分の使命ではないかと考えたのです。そこで、まずは身内や興味のありそうなお客様だけに伝え、どの宝石にどのようなヒーリング効果があるのか、少しずつ実際に試してデータを蓄積し、独自の研究を積み重ね、体系化していきました。

そして、少しずつ時代も変化していきます。２０００年代に入ると「癒やし」という言葉が流行し、人々はお金やモノだけでなく、内面的な癒やしに価値を求めるようになったのです。さらに日本では、水晶などで作られた数珠のようなブレス

レット「パワーストーン」がブームとなります。第3章（115ページ）でお伝えするとおり、パワーストーンと宝石はエネルギーの質は大きく違いますが、多くの人が「石には何か特別な力があるらしい」と認識するきっかけとなり、世の中に宝石のエネルギーを受け入れる基盤が作られていきました。

宝石には4つの価値があるといわれています。

眺めているだけでうっとりするような「美しさ」、デザインや身につける楽しさの「装飾性」、子孫へも引き継げる「財産性」、そして身を護り幸運をもたらす「お守り」としての価値です。

憲将氏は、この4つ目の「お守り」としての価値をただの迷信や信仰ではなく、もっと実用的で現代の人々の生活に身近なものへと刷新して、世界各国で有史以来認められてきた「宝石のエネルギーとヒーリング効果」という新たなアプローチで発信していくこととなりました。

実際に宝石のエネルギーを体感してもらうための宝石体感会を毎月開催し、2012年には満を持して『宝石のエネルギー』（講談社）というタイトルの本を出版して、より多くの方へ宝石の真価を知ってもらおうと活動していきました。噂は海外にも広がり、アメリカのＧＩＡ（米国宝石学会）で宝石のエネルギーについての講演も行いました。

憲将氏の長年にわたる地道な宝石エネルギーの研究、啓蒙活動は花開き、多くの人の心を癒やし、肉体の不調を改善してきました。人の役に立ちたい、人を喜ばせたいと小さい頃から願っていた憲将氏の思いは、宝石と出合ったことにより流通革命、デザインの刷新、価値基準の啓蒙、そして宝石の真価であるエネルギーの研究・活用と、かたちを変えながら実現されていったのです。

後継者との運命的な出会い

２００３年からは長女と次女もともに宝石の事業に携わり、憲将氏の活動を支えてきました。

そして２０１０年10月、知り合いからの紹介で憲将氏が出会ったのが、のちに後継者となる岡本敬人（旧姓：古田）です。

敬人は1997年にバンドのヴォーカリストとしてメジャーデビューし、日本武道館や横浜アリーナでコンサートを行ったことがあるアーティストでした。音楽活動をしていた一番の原動力は、「人を笑顔にしたい」という思いでした。自分たちの音楽が、落ち込んでいる人の心を癒やし、明日を生きる活力になればいいと思い活動していました。

「面白い人がいるから会ってみない？」という友人の言葉に誘われて、敬人はほんの軽い気持ちでギンザベルエトワールを訪れました。当時、初めての人に会うときは、仕事柄警戒心もあったため、いつもサングラスをかけていました。

憲将氏からさまざまな宝石を手にのせてもらうと、よく分からないけれど、なんだか心がワクワクしたと敬人はいいます。なんとなく温かく感じたり、手がピリピリしたり、宝石のエネルギーを体感することもできました。そして、とても小さなアレキサンドライトキャッツアイを手にのせてもらったとき、見えにくかったのでサングラスを外すと、憲将氏の穏やかな笑顔を目の当たりにして、なぜか分かりませんが「この人の前ではサングラスをしなくて大丈夫だ」と感じたそうです。
このときにはまさか、敬人がいずれ後継者になるとは誰も思ってはいませんでした。

宝石のヒーリング効果に衝撃を覚える

憲将氏を通して宝石が人の心や体を癒やしてくれることを知り、その力に強く魅かれていった敬人は、自分が持っている宝石を周りの友人や知人に持ってもらい、ヒーリングを試してもらったそうです。その躊躇ない行動力に、憲将氏は驚いたとのちに語っています。

敬人は、宝石があっという間に目の前の人の体の痛みや、心の苦しみを取り去ってしまうことに、驚きとともに衝撃を受けていました。宝石が人を癒やす場面を目の当たりにしたのが、敬人が格闘家の友人を憲将氏に紹介したときです。力士や野球選手など、さまざまなアスリートが宝石で癒やされているという話を聞いており、格闘家の友人のけがも良くなったらいいなと思い紹介しました。

この友人はけがで右腕がほとんど上げられない状態だったのですが、宝石を使って憲将氏にヒーリングしてもらうと、ほんの数分で腕が上げられるようになったのです。それまでけがで苦しんでいた友人の腕があっという間に癒やされたその様子は感動的で、敬人は自分でも知らぬ間に涙が出ていました。

このことをきっかけに敬人は、憲将氏のように宝石を使って人を癒やせるようになりたい、憲将氏から宝石のことを学んでみたいと思うようになったのです。

そこから敬人は、憲将氏が開催した宝石講習会に毎月通いノートを取って、どんな症状の方がどの宝石で癒やされていくのかを、事細かにメモして勉強していきました。敬人が毎月参加して勉強していることに、憲将氏も驚いていたようです。

大きな転機となった3・11

敬人が宝石の勉強を始めてすぐ、大きな転機となる出来事がありました。それが2011年3月11日に日本を襲った、東日本大震災です。

当時は東京でも節電が叫ばれており、敬人のバンドが予定していたライブもすべて延期となってしまいました。日本中が落ち込んでいる今こそ、歌を通して元気を届けたいという気持ちが強かった敬人ですが、それがまったくできない状況になってしまったのです。

そんな敬人に声をかけたのが憲将氏でした。ギンザベルエトワールのサロンで、2人のチャリティートークショーを企画して、集まった敬人のファンの方たちを宝石で癒やしていったのです。

音楽活動がすべて止まってしまっていた敬人にとって、違ったかたちで人を笑顔にする方法が見つかったことは、大きな希望でした。そして、さらに本格的に宝石について学びたいと思い、憲将氏に「弟子入りさせてください！」と直談判したのです。

憲将氏は最初「私は、弟子は取っていないんだ」と断りました。しかし、敬人があまりにも何度も頼むのを聞いて根負けしたようで、「知識を学びたいのなら、本を読めばいいんだよ。でも、体感させてほしいなら、教えてあげてもいいけどね」と、ついに弟子入りを許可したのです。

ジュエリーエネルギーアドバイザーの育成

ひょんなことから憲将氏と出会って、たった半年ほどの間に、敬人は宝石が秘めるエネルギー、人を癒やす力に魅了されていきました。

そして、宝石についてもっと学びたいという敬人の意欲を後押しするかのように、2012年の1月からは憲将氏によるジュエリーエネルギーアドバイザー養成講座の第一期がスタートしました。

憲将氏は、宝石のエネルギーについて伝えられるのが自分一人だけでは、この先広められないと感じていました。知識だけでなく、実際に宝石に触れながら体感することで、宝石のエネルギーについて伝えられるジュエリーエネルギーアドバイザーを養成し、より広く宝石のエネルギーについて広めていきたいという憲将氏の思いから始めた講座です。長年培ってきた研究成果、智慧と知識を、憲将氏から直接学ぶことができるとても貴重な場でした。

ただ効能について教えるのでなく、どうやって人と宝石の相性を見るのか、そして、宝石を伝える際のあり方など、敬人は大切なことをたくさん学んだといいます。

こうしてジュエリーエネルギーアドバイザーとなった敬人は、自分でも宝石セミナーを開催したり、フィッティングを行ったり、本格的に宝石の仕事を始めることとなりました。宝石のエネルギーで人々を癒やすことは、敬人にとってこの上ない喜びとなっていったのです。

宝石エネルギーを科学的に検証する委員会を発足

宝石のエネルギーを広めたいと願うなかで、憲将氏は宝石がもつ力を科学的に検証したいと考えるようになりました。それが実現したのは2015年のことです。東北大学名誉教授・日本統合医療学会名誉理事長を務める仁田新一氏を委員長に迎え、多くの科学者、医師が集結して宝石の力を科学的に検証することを目指して「統合医療領域におけるジュウェルネス効果の検証委員会」を立ち上げたのでした。

「ジュウェルネス（JEWELLNESS）」とは、宝石（Jewel）に心身の健康を意味するウェルネス（Wellness）を合わせた憲将氏による造語で、多くの人に「宝石のように光り輝く人生を送ってほしい」という願いが込められています。

委員会がこのあと3年半の月日をかけて行った実験で、さまざまな結果を明らかにしてきました。詳しくは第3章（140ページ）でご紹介します。

最期に託したメッセージと受け継がれる思い

本格的に宝石の仕事をするようになり、ギンザベルエトワールへも頻繁に通うようになった敬人に、もう一つの出会いがありました。それが憲将氏の長女で、ともに働く明子です。会社の広報活動やイベントの運営などを行っていた明子と出会い、2人は徐々に魅かれあい、2016年2月に結婚することとなりました。宝石のことを心から愛し、エネルギーで人を救いたいという思いを強くもつ敬人と明子の結婚を憲将氏は祝福し、事業の継承者ができたことをとても喜んでいました。

その直後の２０１６年秋、憲将氏を病魔が襲います。がんで余命３カ月という告知を、憲将氏は慌てることなく受け入れました。

「自分の人生で思い残すことは一つもない」これは、良いときも悪いときも、すべてに全力で生きた憲将氏だからこそ言えた言葉ではないでしょうか。後継者がいることへの安心感も大きかったでしょう。

そして、２０１７年1月23日、憲将氏はその生涯の幕を閉じました。

病床に伏せていたなか、いずれ葬儀に参列してくれる人たちのためにと憲将氏はメッセージを録音していました。録音された憲将氏の声は出棺のときに流されて、葬儀の会場に響き渡っていました。

「今まで好き勝手なことをやりながら多くの方に支えられて生きてきて
もう思い残すことは何もありません。
ただ一つだけ、皆さんに伝えたいのは、僕が学んだこと。

それは、この地球がいかに素晴らしい星かということです。
この素晴らしい地球をいつまでも、いつまでも、素晴らしい地球として残しましょう。
戦争も何もない、そういう世界が必ずやってきます。
皆さん、ともに将来の美しい地球を作っていきましょう。」

宝石を心から愛して世界中を旅した憲将氏が、最期に遺した言葉は、宝石を生み出し、私たちを育んでくれている、この地球への深い感謝と愛のメッセージでした。憲将氏の思いを受け継いで、2代目となった敬人と明子は、この思いを胸に事業を承継しました。

地球が生み出し、さまざまな歴史を経て、現在の日本で改めて注目されている宝石が秘めた、本当の価値。古代から人類とともにあった宝石は、宝石業界の革命児・岡本憲将氏の思いとともにアップデートされ、現代に生きる人々をサポートしてくれる最高の味方となったのです。

第2章
宝石業界の革命児が現代によみがえらせた宝石の真の価値

創業者 岡本憲将

第3章

人生を変える 地球からのエネルギーが宿った宝石

地球の鉱物の最高結晶・宝石が秘めるエネルギー

第1章でご紹介したとおり、宝石は数千万年から数十億年の歳月をかけて地球が育んだ、天然の鉱物です。植物や動物がそれぞれ固有の波動、エネルギーをもっているように、鉱物もまた波動をもっています。その中でも地球の鉱物の最高結晶といえる宝石は、地球、宇宙の、計り知れない特別なエネルギーを有しています。そして、宝石の波動、エネルギーは、私たちの心・体・魂を癒やしてくれるのです。

科学の世界では現在、118の元素が確認されています。そして、この地球に存在するすべての気体、液体、固体、植物、動物、鉱物などの物質は、この原子の組み合わせによってできているといわれています。

原子はすべて固有の波動をもっています。宝石も、そして私たち人間も例外ではなく、これらの原子から構成され、それぞれが違った波動をもっているのです。

波動というと、目に見えないし、よく分からないと思う方もいるかもしれません。

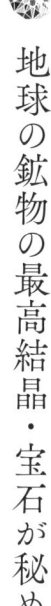

もちろん、科学的に完全に理解するのは難しいことです。しかし、宝石の波動、エネルギーを感じることは、それほど難しいことではありません。私たち人類はもともとエネルギーを活用する力をもっているからです。

ただ、物質社会が発達し、目に見えない世界から離れて生きてきた人たちは、それらを感じる力が少し鈍くなっています。正しいステップを踏めば、本来の能力はすぐに戻ってきます。

宝石のエネルギーを体感し、その効果を享受するための大切なポイントは3つあります。

1つは、自分と相性の合う宝石であること。私たちが毎日使っている携帯電話やスマートフォンを例に考えてみましょう。携帯電話やスマートフォンは、電波という波動を使っています。世界中の誰とでも瞬時につながることができますが、番号が1つでも違えば、正しい相手とつながることはできません。同じように宝石も、そして私たち人間も、それぞれが違った波動をもっており、その波動が共鳴しないと、エネルギーを感じることも、心身の変化を感じることもできないのです。また、宝石と人の相性だけでなく、デザイン、身につける場所など、さまざまな相性が重要となってきます。詳しくは１２４ページをご覧ください。

２つめは、正しいお手入れにより浄化されていることです。地中から掘り出された瞬間の宝石は、ピュアな状態で、ほとんどは人間の心身に良い影響を与えてくれるエネルギーをもっています。しかし、流通の過程でさまざまな人の手に触れ、それらの人がもっているネガティブな想念や場所のエネルギーを吸収し、マイナスの状態になってしまうのです。どんなにクオリティーが高く、本来のエネルギーが強い宝石でも、マイナスの状態になったものから良い影響を受けることはできません。１３１ページでは、正しいお手入れと浄化の方法をご紹介します。

３つめは、今あなたが必要としている効果、効能をもった宝石であることです。１００種類以上ある宝石は、種類によって心身のさまざまな症状に働きかける力を有しています。体調や心の状態、人生の目標に応じて宝石を選び、使い分けることが重要です。

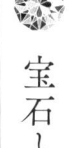

宝石とパワーストーンの違い

「宝石にエネルギーがある」と聞くと、パワーストーンを思い浮かべる人は多いと思います。パワーストーンと呼ばれる石にもさまざまな種類がありますが、一般的には水晶などの天然石を数珠状のブレスレットにしたものや、ペンダントにしたものを指します。

宝石もパワーストーンも、どちらも自然が生み出した天然の鉱物です。違いはその美しさ、希少性、そしてエネルギーの質にあります。美しいということは、内包物が少なく、それだけエネルギーの質もピュアで波動が高いということです。美しく内包物が少ないものは、採れる原石のなかでもごく一部なので、当然希少価値も高くなります。例えば、パワーストーン店で並んでいるインカローズを見ると、ほとんどに白っぽい内包物があり、白濁したピンク色をしています。このぼんやりとした色がインカローズの特徴と思われがちですが、宝石レベルのものとなると、透明感のある美しいピンクから赤色になり、まばゆい輝きを放ちます。同じインカローズでも、パワーストーンクオリティーのものと宝石クオリティーのものでは、美しさも違えばエネルギーの質・量も異なり、まるで別物です。

鉱山で天然石の原石が採れても、そのすべてが宝石として価値があるわけではありません。採れた天然石のなかで、質を吟味せずに研磨されたものがパワーストーンと呼ばれるクオリティーのものです。そのなかの100個に1個が現地の土産店に宝石として並ぶレベル、さらにそれらを100個集めたなかの1個が日本に輸入され、一般的な小売店に並ぶレベルの宝石です。ベルエトワールで扱うのは、さらにそのなかの100個に1個という高い品質の宝石です。つまり、パワーストーンと比べると100万分の1の希少価値をもつのが、美しく、エネルギーの厳選された宝石なのです。

人によっては自然のまま、人間の手が加えられていないほうがエネルギーが高いと思うかもしれません。しかし、宝石は質の高い原石を、正しく研磨することでさらにエネルギーが増すのです。

大昔、まだ研磨技術が発達していなかった頃の人々は、今でいうパワーストーンクオリティーの石を身につけていたのかもしれません。当時の地球はまだ環境も汚染されていなかったでしょうし、地中に眠る石のエネルギーもピュアなものが多かったと思います。また、当時の人々は自然の近くに暮らし、現代に生きる私たちのようにさまざまなストレスも抱えていなかったと考えられます。

ところが現代は、多くの人は自然から離れて暮らし、さまざまな環境汚染、電磁波、複雑な人間関係と、当時とは比べ物にならないストレスで心身を疲れさせながら生きています。昔はパワーストーンクオリティーの石のエネルギーでも足りていたかもしれませんが、もはやそのエネルギーでは足りなくなってしまったのが、現代人なのです。

私たちの魂は輪廻を重ね、時代を追うごとに進化しています。今の時代に生まれ、より良い生き方、より良い社会を求めている現代人は、ここに至るまでの地球の歴史のなかで、いちばん強い意志、強いエネルギーを秘めているのです。そんな魂深くに眠る意志と共鳴する石は、当然どこにでもあるクオリティーのものではなく、厳選されたエネルギーの結晶であるはずです。今を生きる自分と共鳴するのはどのような意志を秘めた石なのか、自分を無限大に輝かせてくれる宝石を探してほしいと思います。

海外で定着している代替療法と宝石

宝石にはエネルギーがあり、それを用いて心身の健康を取り戻したり、悪い状態を良い状態へと変えたりすることができる……このように説明すると、「代替療法」という言葉が思い浮かぶかもしれません。この言葉はひところに比べて広く知られるようになりましたが、その一方でいまだに誤解が多いのも事実です。

代替療法を一言で説明するなら、「現代医療に代わって病気の治療や健康回復を目指して行われる方法」ということになります。漢方薬、鍼灸、指圧、マッサージ、カイロプラクティックなどのほか、古くから行われている民間療法やサプリメント、健康食品も含まれますが、現代医療よりも低く見られる傾向があります。

諸外国の代替療法には、古くから伝わる民間療法がたくさんあります。日本でも知られるアロマテラピーやホメオパシーも代替療法ですが、ヨーロッパ諸国では治療の選択肢として取り入れられており、イギリス王室御用達のフラワーレメディ（花から抽出されたエッセンスを使う自然療法）もあるなど、評価が確立されています。西洋だけでなく東洋の代替医療も盛んで、中国の漢方、鍼灸、気功はその代表ですし、インドにはアーユルヴェーダをはじめとする植物療法が確立されています。

宝石を使った治療法も洋の東西にかかわらず存在します。例えば中世ドイツに実在し、ドイツ薬草学の祖とされ、「ハーブ療法の母」と呼ばれるヒルデガルド・フォン・ビンゲンは、植物だけでなく宝石による療法を勧めていました。著作の『自然学』のうち宝石療法の部分をまとめた書籍は、今も販売されています。

また、インドのアーユルヴェーダでも「宝石は気の乱れを整える力がある」として、9つの宝石ナワラタナを使った療法が取り入れられています。アーユルヴェーダでは「万物の振動は7つの惑星と、ラーフとケートゥと呼ばれる月の交点2つを合わせた9つの数字に変換される」と考えられており、9つの数字と9つの宝石はそれぞれ対応して色のついた光と紫外線、赤外線を放ち、違ったエネルギーをもつとされています。9つの宝石を正しい配置でまとめてつけることは太陽系の天体から届くエネルギーを変調させて惑星の光を補正し、悪いエネルギーを跳ね返して良いエネルギーを増幅するとされます。

本書で提唱している宝石のエネルギーとその活用法は、歴史のなかで人類が積み重ねてきた叡智をもとに、岡本憲将氏が研究を重ねて現代に生きる人々が活用しやすいかたちへとブラッシュアップしたものです。今も進化し続ける最新の智慧をぜひご活用ください。

相性が鍵、自分に合った宝石を選ぶ方法

宝石のエネルギーを感じる際に、特別な能力が必要だったり、何かしらのトレーニングが必要だったりするわけではありません。宝石はそれぞれが異なる波動をもっています。種類によっても効果・効能は違いますが、同じ種類でも一つひとつの石

が、それぞれ違う波動をもっているということです。このことは人間にも同じことがいえます。自分とほかの人がまったく違う人間であるように、それぞれが違う波動をもっています。それが互いに共鳴し合うかどうかで「相性」というものが決まるのです。

初めて会った人なのに、なぜかお互いに惹かれ合うとか、少し話しただけなのにやけに楽しかったという経験をした人もいると思いますが、それこそがそれぞれの人が異なる波動をもちつつ、共鳴し合う相手がいるということの証明なのです。これを「波長が合う」と表現することがあります。その「波長」こそが、波動なのです。

例えば、ネガティブな思いを払拭したいからとパライバトルマリンを選んだとしますところが、同じパライバトルマリンでも、その人と共鳴し合うものとそうでないものがあるのです。これは波動が合わない・波長が合わない・相性が良くないということです。

波動と共鳴し合う、相性のいい宝石は持つ人の波動を引き上げ、健やかな状態へと導いてくれます。ある人にとっては長年の痛みが一瞬で楽になるような宝石でも、ほかの人には効力を発揮してくれないという例は、これまで何百回も見てきました。だからこそ、自分に合った宝石を見つけることが何よりも重要です。そのためには自分がエネルギーを感じる宝石を選ぶことが重要なのです。

自分に合った宝石を見つける方法は、宝石を左の手のひらにのせ、手のひらに受ける感触を確かめてください。宝石をのせた5～10㎝上から右手のひらをかざしてみると、より分かりやすいでしょう。

宝石のエネルギーの感じ方は人それぞれで、ほわっと温かさを感じたり、ピリピリッと感じたり、ジンジンと強い力を感じたり……何が正解ということはないので、自分が感じる感覚に身を委ねてみるとよいでしょう。

そうした感触だけでなく、宝石に触れているとホッとするような気持ちになった、力がみなぎってくるのを感じた、理由は分からないけれど涙が溢れてきたなど、心に訴えかけてくるケースも珍しくありません。なかには左の手のひらに宝石をのせたとたん、「あ、これだ!」と自分にピッタリの宝石に出合ったと直観的に分かったという人もいます。逆に、相性が合わない宝石は、左の手のひらにのせたとき、ひんやりとした冷たさを感じることが多いようです。

自分はエネルギーを感じることなんてできない……と思う方もいるかもしれませんが、そんなことはありません。人類は本来エネルギーを感じる力をもっているからです。今は多くの人のそのスイッチがオフになってしまっているにすぎません。

スイッチをオンにするのは、とても簡単なことです。それは温泉に入ったときのように、心身をリラックスすることです。「エネルギーを感じなければ」とプレッシャーに感じたり「エネルギーなんてあるわけない」と決めつけて疑心暗鬼になったりしていては、体が緊張してエネルギーを感じるスイッチがオフになってしまいます。無理やり信じる必要もなく、リラックスしてニュートラルな状態でいるのが鍵です。

宝石のエネルギーを最大限に引き出す
――身につける場所・デザイン・組み合わせ

相性の合う宝石を見つけたら、それをどのように身につけるかを考えることもとても重要です。指輪にするか、ペンダントにするか、ピアスにするか――宝石のエネルギーを最大限に受け取るためには、つける場所も大いに関係があります。エネルギーの流れ方は、人により宝石により異なります。そのため、よりエネルギーを感じる場所をチェックします。

まず、ルース（裸石）の状態で胸元に持ってきたとき、指に持ってきたとき、あるいは耳に持ってきたときでどのように感覚が変わるかをチェックしてください。指輪はどの指につけるかも重要なので、十指の付け根に順番に置いてみて、最もエネルギーを感じる指を見極めます。

外出することが多く、手を洗うたびに指輪を外すのが不安など、生活スタイルによっては宝石のついた指輪をつけているのが難しいという場合もあります。その場合は無理をせずペンダントに加工するのがおすすめです。ペンダントも、胸のどの位置に宝石があるかでエネルギーの入り方が異なるため、場所を変えて細かくチェックしてください。ペンダントをつけるときは、長さを変えられるアジャスター付きのチェーンにすると、地肌に身につけるときと厚着をしたときなどで微妙に変わる長さを調整できるのでおすすめです。

職業柄、職場ではジュエリーを身につけることが難しいという方もいますが、エネルギーを享受するために身につける場合、宝石は必ずしも目に見えるところにつける必要はありません。仕事中はネックレスをシャツやセーターの内側に隠して、プライベートでは外に出してつけてもよいでしょう。

また、宝石のエネルギーを最大限に引き出すためには、デザインも重要です。その宝石に合うデザインにすると、本来の力をさらに引き出すことができます。デザイン枠やデザイン画の上に宝石を置き、上から左手をかざして温かさなどエネルギーを感じるかどうかを確かめ、最適なデザインを選んでください。

宝石は組み合わせによって相乗効果が得られることもあります。宝石のデザインではダイヤモンドが組み合わせてあることが多いのですが、これはダイヤモンドがほかの宝石の力を引き出してくれる力があるためでもあります。もちろん、デザインが華やかになる効果も見逃せません。

色石同士の組み合わせも、相性が合っているとエネルギーを10倍にも100倍にも引き上げてくれます。185ページの「あなたを輝かせる宝石の組み合わせ10」も参考にしてみてください。左の手のひらに宝石をのせ、1つのせたときと2つのせたときでエネルギーが増幅するように感じるなら、相性が合っているということです。逆に相性が悪いときは、エネルギーが減ったように感じます。ペンダントにする場合は、どの配列で宝石を置くかも重要なので、さまざまな順番で置いてみて最もエネルギーを感じる配列を選ぶことがポイントです。

宝石を使った正しいヒーリング方法

自分にとって最適の宝石と出合ったらエネルギーを最大限に受け取る方法を実践することをおすすめします。波動が共鳴し合うような相性の良い宝石なら、普段の生活で指輪やペンダントとして身につけるだけでもヒーリング効果を得られますが、疲れを感じたときや体調を崩したときなどはこれらの方法を試してみることをおすすめします。

ヒーリングを行う場所はどこでもかまいませんが、周囲に雑音がないほうが理想的なので、一人静かに過ごせるような、精神的に余裕のある時間を選ぶとより高いヒーリング効果を得ることができます。

普段の生活のなかで行えるヒーリング方法は、次のとおりです。

1・基本のヒーリング方法

宝石を左手で軽く握り、5～10分ほど目を閉じてリラックスします。立った状態、座った状態、横になった状態など、姿勢はなんでもかまいません。ルースでもリング、ペンダント、ピアスでも同じ方法で行います。宝石がいくつかあるなら、タイミングによって宝石を変えるのもおすすめです。例えば、寝る前にリラックスしたいときは安眠を促してくれるエメラルドやロイヤルブルームーンストーン、疲れが溜まり、活力が欲しいときはルビーやインカローズなど、そのときの自分に合った宝石を選ぶと、より高いヒーリング効果が得られます。

2・体の痛みのヒーリング

痛みがある、違和感があるなど、問題がある場所に医療用テープを使って直接宝石を貼ります。ルースや指輪が貼りやすいのですが、チェーンを外せばペンダントでも実践できます。この場合も、症状によって宝石を選ぶと効果を実感できます。例えば胃痛には胃の部分にヒスイやブラックオパールなどを、肩こりには肩にルビーやロードライトガーネットなどを貼り付けます。宝石を貼ったまま寝るなど、長時間貼っていても問題ありませんが、落とさないよう十分気をつけてください。医療用テープで貼り付けたあと、サポーターなどで落ちないように固定したというアスリートの方がいました。ぜひ参考にしてみてください。

3・宝石を使った瞑想法

より深くリラックスしたいときや、直観力を研ぎ澄ましたいときは、宝石を使った瞑想がおすすめです。左手に宝石を握り、背筋を伸ばして座ります。瞑想用の音楽をかけたり、アロマを焚いたり、ご自身が落ち着く環境を整えて行うとよいでしょう。あぐらでもいいですし、椅子に座って行ってもかまいません。目を閉じて、鼻からゆっくりと息を吸い、吸う息の倍ほどの長さでゆっくりと鼻から息を吐きます。

この呼吸を自分のペースで繰り返していきましょう。普通の瞑想ではなかなか集中できない方も、宝石を持って瞑想することで、深く集中して、意識が整っていくのを感じることができるでしょう。

4・ほかの人にヒーリングしてもらう

背中に痛みがあるときなど、自分の手が届かない場所をヒーリングしたいときは、家族や友人など親しい人にヒーリングをしてもらいます。この場合、宝石はヒーリングを行う人に合ったものを選んで左手に持ってもらい、右手を患部にかざします。痛みや不調がある部分に手をかざすと、ヒーリングする人もされる人も温かさを感じます。ただし、ヒーリングを行う人がネガティブでないこと、マイナスのエネルギーを受けていないことが大切なので、心身ともに健やかな状態の人にお願いするのが理想的です。

宝石のエネルギーを保つには、お手入れ・浄化が重要

宝石のエネルギーを活用するには、宝石自体がクリアな状態であることが欠かせない条件です。宝石のエネルギーは毎日使うことで、弱くなってしまいます。宝石は美しさだけでなく、エネルギーも良い状態に保ってこそ、本来の価値、魅力を最大限に発揮することができるのです。

外出先から帰宅すると、手や顔を洗うように、宝石も身につけたりヒーリングを行ったりしたあとには浄化や洗浄が必須です。浄化とは宝石がもつエネルギーをクリアな状態にするもので、宝石の力を活用するために欠かせません。ぜひ、定期的に行ってください。

◆宝石の浄化方法

宝石のヒーリング効果を保つためには、使うたびにエネルギーをリセットし、活性化する「浄化」が欠かせません。

［用意するもの］

・中性洗剤（食器洗い用洗剤）またはクリアリングエッセンス（宝石専用洗浄剤）
・透明な器
・ティッシュペーパー

［手順］

①透明な器の8分目まで水を入れ、宝石を入れる。
②中性洗剤またはクリアリングエッセンスを5～6滴入れる。

クリアリングエッセンス

透明な器

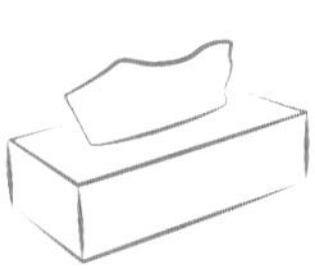
ティッシュペーパー

③中性洗剤の場合は6時間以上、クリアリングエッセンスの場合は40分間つけ置く。

④宝石を取り出して水を捨て、新しい水を入れて宝石を40分以上つけ置く。

⑤宝石の周囲に気泡がついている場合は浄化しきれていない証拠なので、①～④を繰り返し行う。

⑥気泡がつかなくなったら宝石を取り出し、ティッシュペーパーで水気を拭き取る。

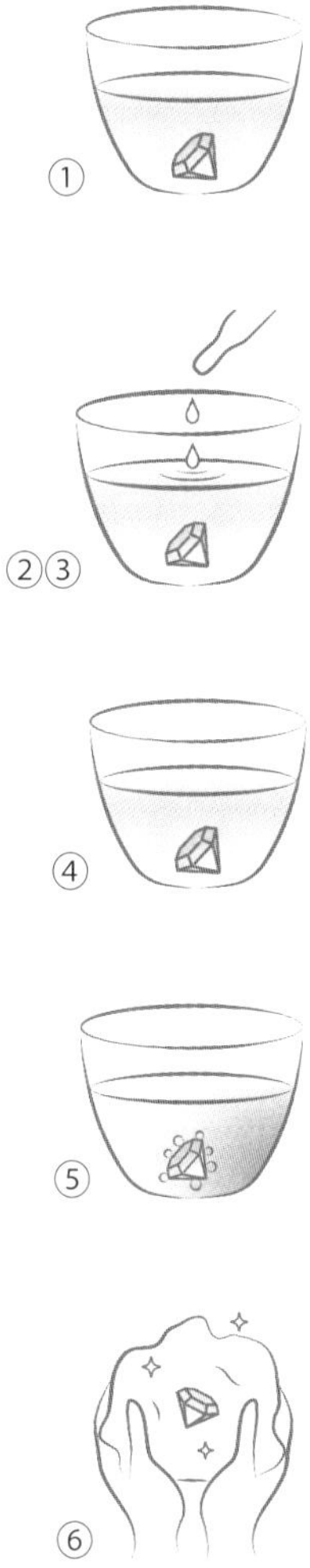

ただしこの方法は水に弱い宝石（138ページ参照）には行わないでください。

◆宝石の洗浄方法

指輪やペンダントなどを身につけたときはその日のうちに汗や汚れを洗いましょう。ただしこの方法は水に弱い宝石には行わないでください。

［**用意するもの**］
・中性洗剤またはクリアリングエッセンス
・毛先の柔らかな歯ブラシ
・ティッシュペーパー

［**手順**］
①宝石に中性洗剤またはクリアリングエッセンスを数滴つけ、優しく洗う。ルースの場合は手のひらにのせて指先で転がすように洗う。指輪やペンダント、ピアスなど

クリアリングエッセンス

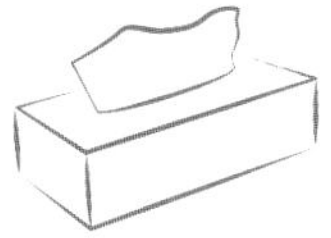
ティッシュペーパー

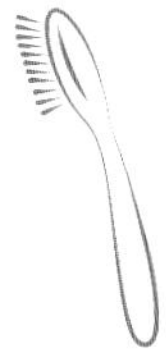
毛先の柔らかい歯ブラシ

の製品の場合は毛先の柔らかな歯ブラシでそっとブラッシングする。

②排水溝に流さないよう注意しながら、流水でよくすすぐ。排水溝にはあらかじめ栓をしておくとよい。

③ティッシュペーパーで水気をよく拭き取る。

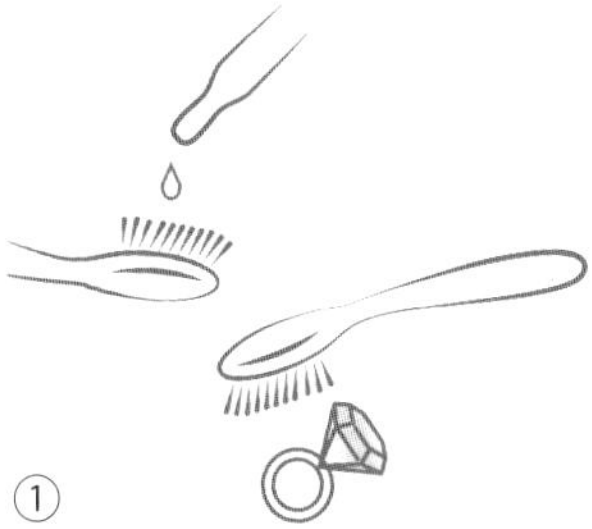

①

②

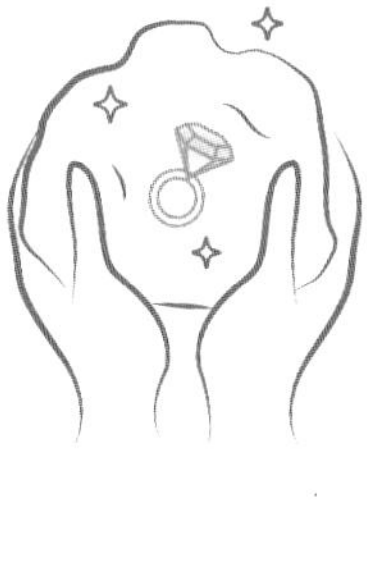

③

◆**水を使わない浄化方法**

水に弱い宝石は決して濡らしてはいけません。かといって浄化しないとエネルギーが弱くなってしまうので、クリアリングミストというミスト状の宝石専用洗浄剤を使って浄化を行います。

〔**用意するもの**〕
・クリアリングミスト
・ティッシュペーパー

〔**手順**〕
①ティッシュ1枚を手に取り、30㎝以上離した場所からクリアリングミストを1プッシュ振りかける。
②クリアリングミストをかけていない面が内側にくるようにして、①のティッシュで宝石を優しく包む。このと

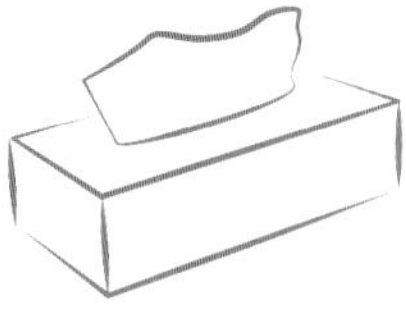
ティッシュペーパー

クリアリングミスト

き、しっかりと包み込まず、空気を入れるようにふわっと包むのがコツ。

③15分ほどおいて浄化したら、宝石を取り出す。

①

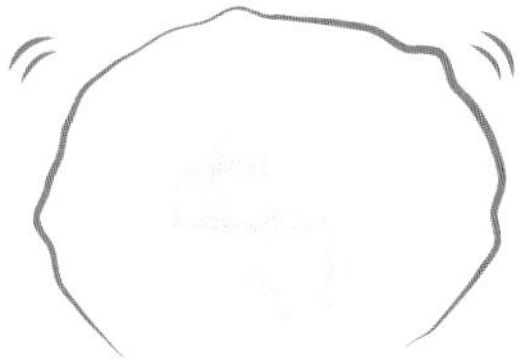

②

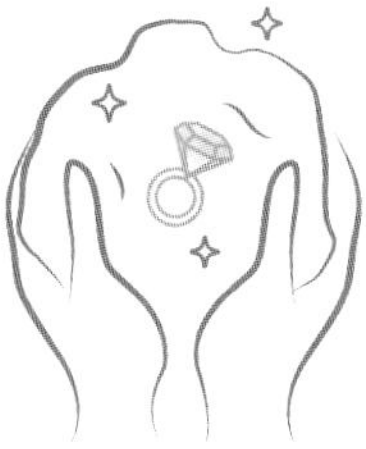

③

宝石店などに置いてある超音波洗浄機を使えば便利と思うかもしれませんが、硬度の低い石などはヒビが入ることもあるので使用しないほうがよいでしょう。宝石は種類により性質が異なり、硬いように見えてとてもデリケートで、取り扱いだけでなく保管方法にも細心の注意が必要です。例えばエメラルドは硬度が高いものの内包物が多く、割れやすい性質をもっていますし、硬度の低いオパールは砂でも傷がつくことがあります。宝石箱や引き出し、持ち運び用のポーチの中で宝石同士がぶつかり合って傷がつくこともよくあることです。

指輪は差し込み溝に一定間隔でしまい、ネックレス、イヤリング、ブレスレットなどは個別のケースにしまっておくことで宝石を守ることができます。宝石の弱点を挙げましたので、ぜひチェックしてください。

◆水に弱い宝石

エチオピアオパール、真珠、ステラエスペランサ、ロードナイト、フローライト、ハックマナイトなど

◆紫外線に弱い宝石

アパタイト、アクアマリン、フローライト、クンツァイト、真珠など

◆傷つきやすい（軟らかい）宝石

インカローズ、スファレライト、シーライト、スフェーン、アウイナイト、グリーンアウイナイトなど

科学者とともに宝石のエネルギーを検証

花粉症によるくしゃみがスペッサータイトガーネットを左手に持つことで楽になった、気分が落ち込んでいる人がインカローズを身につけることで心からの笑顔を取り戻した等々、宝石の癒やし効果の例は枚挙にいとまがありません。宝石のエネルギーが心身に与える効果を科学的に検証するべく、多数の医師や科学者と共に発足したのが「統合医療領域におけるジュウェルネス効果の検証委員会」です。（105ページ参照）

同委員会では2015年から3年半の月日をかけて客観性に基づいたさまざまな科学的な検証実験を行い、科学者も驚く結果が現れました。宝石がもつ力、エネルギーが迷信や思い込みではなく、確かに存在するものとして科学的に証明されつつあるのです。

生理指標・心理指標・臨床応用を3つの柱に行われた検証実験

ジュウェルネス検証委員会では、「生理指標検証」「心理指標検証」「臨床応用検証」という3項目について、その道のプロフェッショナルの協力・サポートのもと検証実験を行ってきました。１つずつ解説しましょう。

1・生理指標検証

宝石を持ったときに、体がどのような生理反応を示すのかを調べるため、循環器系、自律神経系、視覚機能などを計測。

2・心理指標検証

宝石を持ったときに人が感じる温かさや心地よさなどの心理的な感覚、感受性を明らかにするため、客観的な評価項目を作成して検証。

3・臨床応用検証

ペインクリニックなどの医療現場で、実際の患者を対象に宝石によって体の痛み、可動域、ストレスなどにどのような変化が起きるのかという臨床的な有用性を検証。

ジュウェルネス検証委員会の実験では、「プラセボ」、つまり本物の宝石と人工石を使った比較対照実験が行われました。プラセボは医学の世界で新薬開発の際に欠かせないもので、本物の薬と区別がつかないような見た目・味をしているけれど薬効成分が含まれていない偽薬のことを指します。薬効成分が含まれていないプラセボを飲んだにもかかわらず効果が出ることを「プラセボ効果」といい、症状が改善することもあれば、反対に副作用が出ることもあります。これは期待や不安といった心理状態が症状に現れることを指しており、薬の治療効果を明らかにする実験では、本物の薬とプラセボを使ってその違いを検証する比較対照実験が欠かせません。

例えば、被験者には眠りを誘う薬の実験を行うといって薬を服用させるのですが、半分は本物、もう半分にはプラセボを配るのです。誰が本物の薬を飲んだのか、被験者はもちろん、担当する医師や薬剤師、看護師にも知らされません。これを二重盲検（ダブルブラインド）試験といいますが、こうすることにより、心理的な影響を排除した正確な薬の効果を調べることができるのです。

ジュウェルネス検証委員会の実験でも、このプラセボと似た手法がとられました。新薬の実験と同じく、実験対象者が宝石を使っているのか人工石を使っているのかが分からない状態にするだけでなく、実験で宝石（または人工石）を提示する人も、宝石か人工石かが分からないようにする二重盲検試験の手法をとりました。

このように、宝石が人間に与える影響を客観的に評価するために、厳しい条件の下で、3年半を通して実験は行われていきましたが、生理指標検証、心理指標検証、臨床応用検証のそれぞれで、とても興味深い結果が得られました。

ここでは、生理指標検証の視覚機能評価、臨床応用実験についてご紹介します。

生理指標検証

生理指標検証では、循環器応答（心拍変動）と視覚機能評価（縮瞳率）の2種類の検証が行われました。ここでは視覚機能評価（縮瞳率）の実験方法とその結果をご紹介します。

視覚機能評価（縮瞳率）

［目的］

宝石を見た際の瞳孔変化から、宝石の効果を評価する。

視覚機能計測によるジュウェルネス効果検証実験の様子

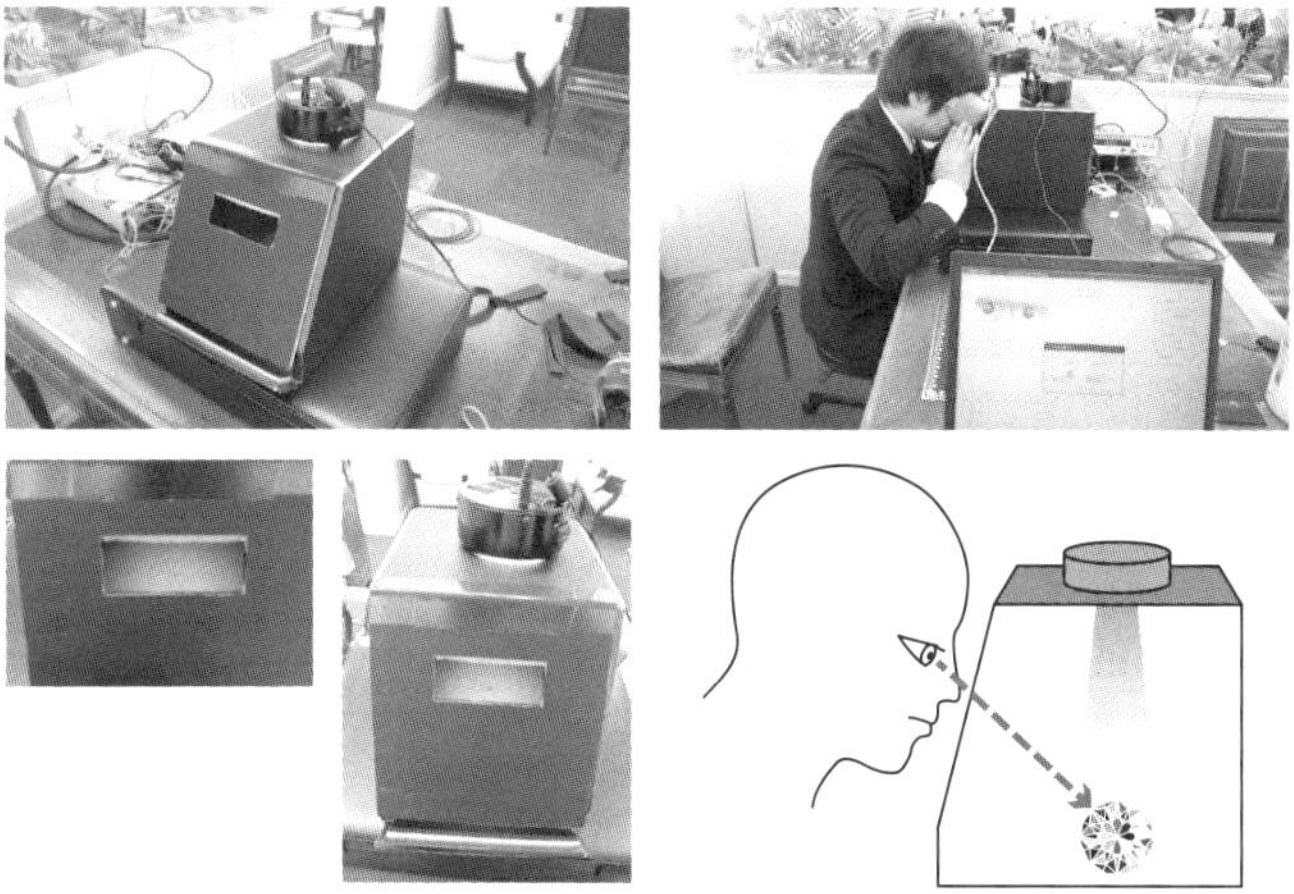

出典：株式会社ベル・エトワール
「統合医療領域におけるジュウェルネス効果の科学的検証結果　【要旨版】」

瞳孔の変化は「自律神経」と密接に関わっています。自律神経には「交感神経」と「副交感神経」の二つがあります。

・交感神経……活動するときに働き、興奮や緊張時に優位になる。
・副交感神経……休息するときに働き、睡眠時やリラックスしているときに優位になる。

瞳孔が収縮するとき（縮瞳）は、副交感神経系が優位になるためリラックスしていると考えられ、逆に瞳孔が散大するとき（散瞳）は、交感神経系が優位になるため、緊張・興奮状態にあると考えることができます。つまり、瞳孔変化を観察することにより、自律神経系の状態を推察することが可能となるのです。

〔実験条件〕

・自然光を再現した照明下で、宝石3種類、人工石3種類、石なしの計7条件をランダムに提示する。

・被験者には石の真偽（宝石か人工石か）を知らせず、盲検法で実施。なお、人工石は精巧であり、見た目で宝石を識別するのは困難なものである。

〔実験方法〕

被験者は瞳孔計測ゴーグルを装着する。石以外の視覚情報を遮断するため、石はボックス内で提示し、被験者はのぞき口から石を注視する。ボックス内は暗く、暗順応したのちに自然光を再現した照明を点灯することで初めて石を視認可能となる。

（145ページ図参照）

視覚機能計測による結果〔宝石を見たときに縮瞳率が高くなる傾向〕

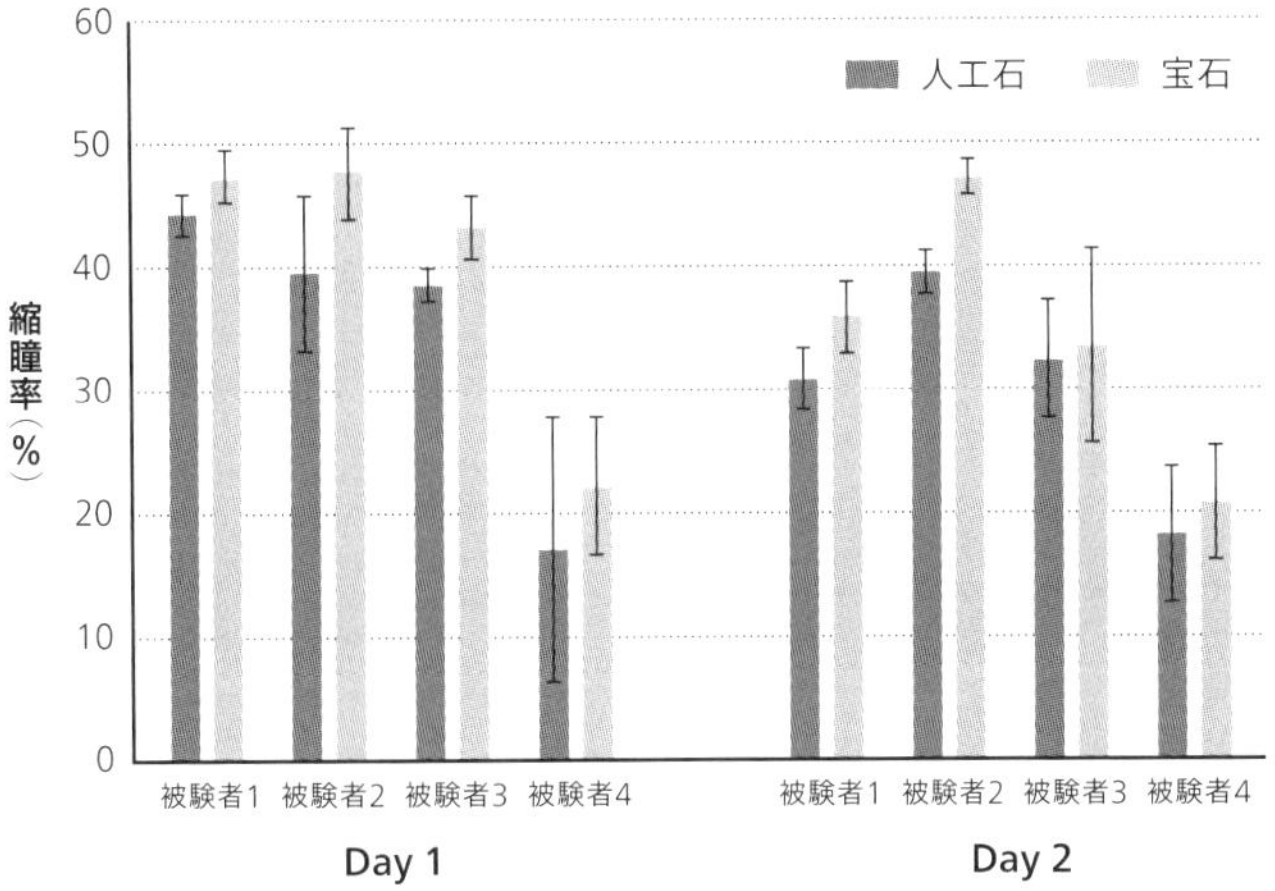

出典：株式会社ベル・エトワール
「統合医療領域におけるジュウェルネス効果の科学的検証結果　【要旨版】」

〔結果〕

宝石に対する縮瞳率が高くなる傾向がある（上グラフ参照）。別の日に実施された実験でも同様の結果となり、再現性が確認された。

〔考察とまとめ〕

・宝石を注視した際、縮瞳率が高くなる傾向があり、感受性の高い被験者が存在する。

※縮瞳率が高くなる＝副交感神経が優位と考えられます。つまり、人工石を見たときよりも、宝石を見たときに、

よりリラックス効果を感じている人がいたと推察できます。

臨床応用実験

臨床応用実験では、日常生活における痛みや、さまざまな症状を緩和・治療する医療機関であるペインクリニックに通院する患者を対象に、宝石ヒーリングを施術しました。

痛みへの効果検証

［目的］
痛みや症状の改善を主観的数値で評価し、可動域の改善など客観的な指標を通じて臨床応用の有効性を確認する。

各種痛みの感覚とスコアリング〔人生最大の痛みを10として、0～10で主観的な痛みの強さを数値化した〕

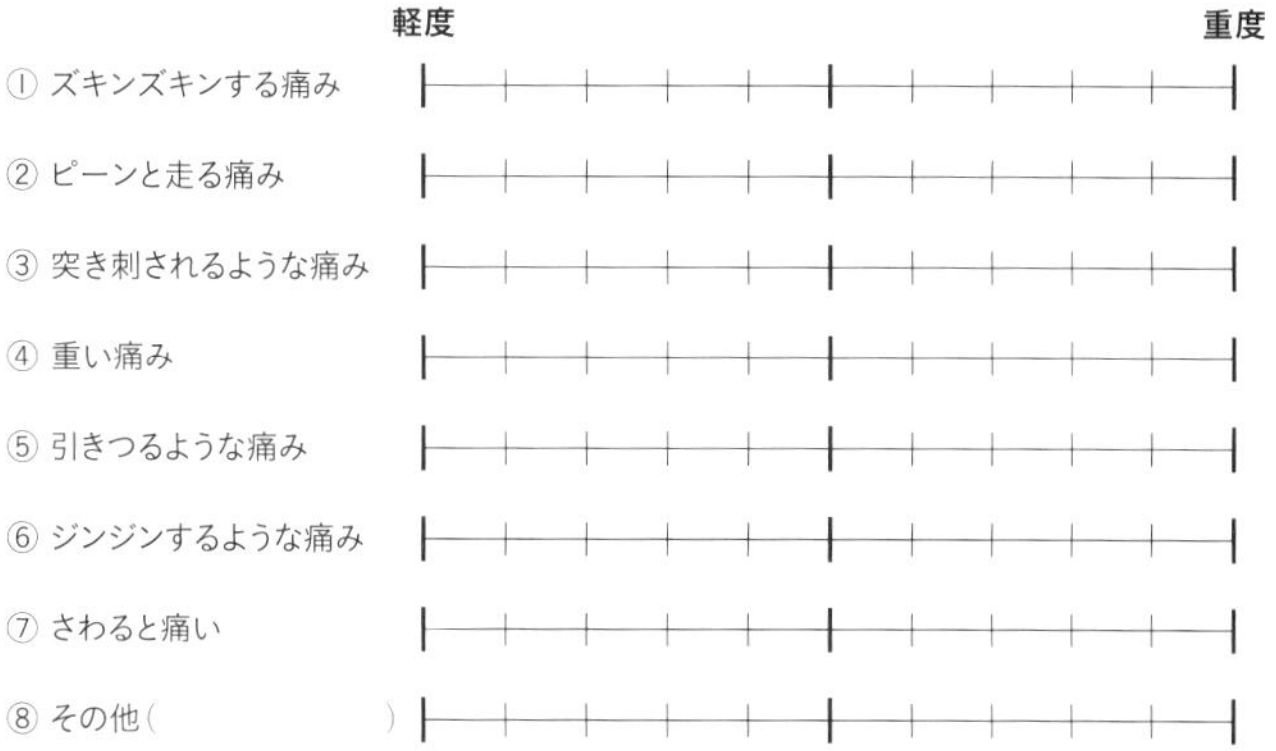

出典：株式会社ベル・エトワール
「統合医療領域におけるジュウェルネス効果の科学的検証結果　【要旨版】」

〔**評価方法**〕

痛みの部位、痛みのパターン、主観的な痛みの強さ（上図参照）を数値化し、宝石による施術前後の変化を比較する。

さらに、歩行時の様子や可動域の改善について、ペインクリニックの担当医が評価する。

〔**検証結果**〕

実験は主に関節炎症による関節痛、脊柱管狭窄症、ヘルニア、頸部痛を対象として行われ、多くの被験者において、施術前後で痛みの主観的な数値の改善が見られた。

肩など痛みのある箇所について、可動域

可動域の改善

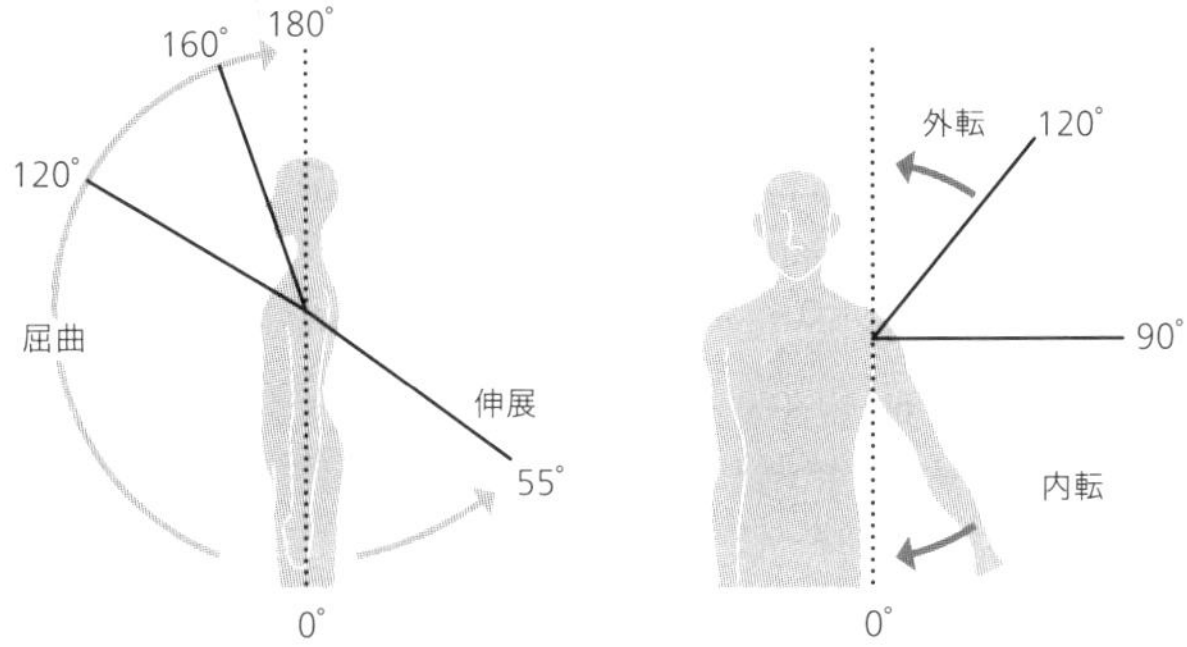

肩の屈曲運動について40°、外転運動について30°の改善がみられた。

の改善も見られた。例えば右肩関節痛・57歳男性（上図参照）は、施術前後で肩の屈曲運動が１２０度↓１６０度へと40度の改善、外転運動は90度↓１２０度と30度の改善が見られた。

［**考察とまとめ**］

・関節痛、狭窄症、ヘルニア、アレルギー性鼻炎などに関する効果を確認。可動域、運動機能の改善も確認。

・全症例で有害事象（副作用など）は報告されず、安全性が高いことが確認された。

特別対談　村山清之先生×岡本敬人

心と体を癒やす
宝石の検証・ジュウェルネス外来

宝石のエネルギーが人間に及ぼす効果効能を科学的に計測して立証するべく、ベルエトワールでは2015年から、多くの科学者の方たちとともに「統合医療領域におけるジュウェルネス効果の検証委員会」を立ち上げ、さまざまな実験を行ってきました。

その一つが、臨床応用に向けてペインクリニックの元院長・村山清之先生とともに行った、宝石による施術前後の痛みの度合いをスコアリングする評価実験です。当時は村山先生が院長を務められていたペインクリニックで実験を行っていましたが、2022年からは場所をギンザベルエトワールへと移し、「ジュウェルネス外来」として実験を続けています。

宝石のエネルギーが人間に及ぼす効果効能＝ジュウェルネス効果について、実験を重ねてきた村山清之先生と岡本敬人による対談をお送りします。

――一つの症状だけでなく、幅広く心身を癒やすジュウェルネス

インタビュアー（以下：イ）　ジュウェルネス外来にはどのような方が参加され、どのような実験を行っているのでしょうか。

村山　基本的には私の患者さんや知人に声をかけて、宝石による施術、ジュウェルネス

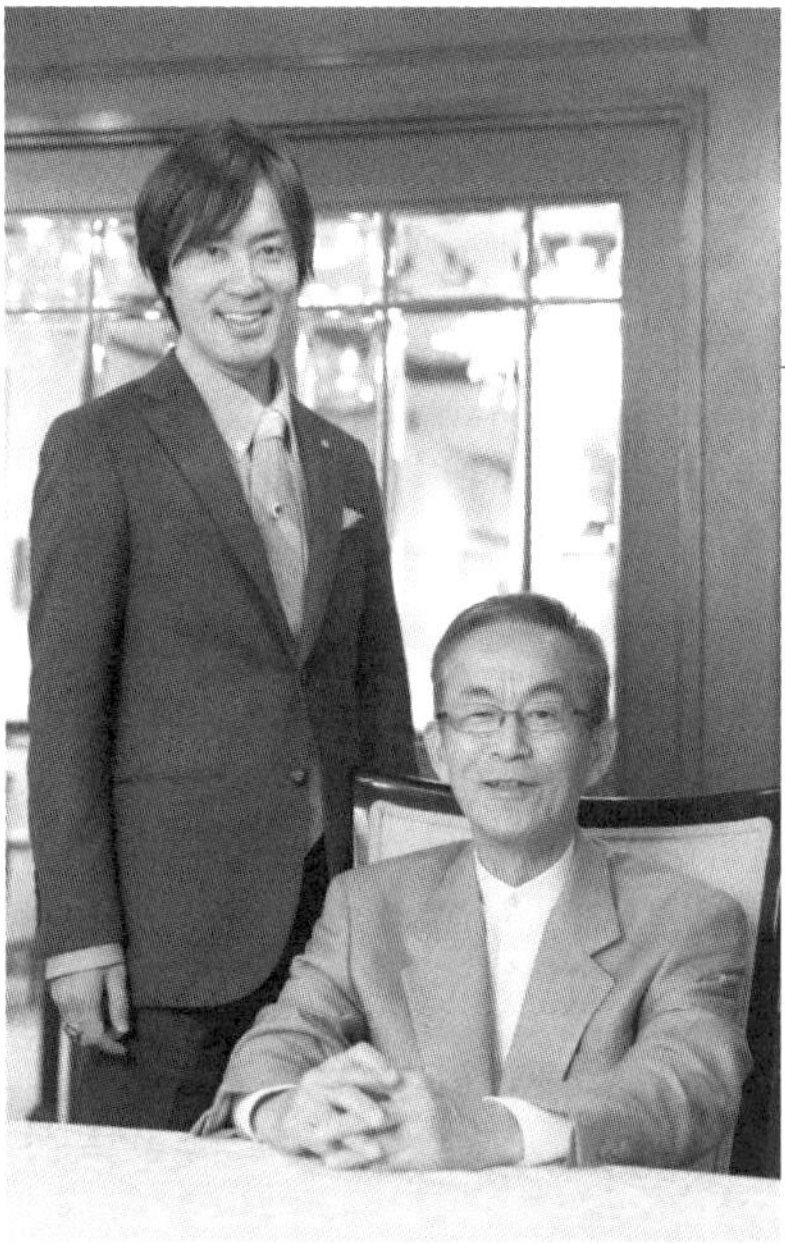

村山清之（むらやまきよし）
日本橋むらやまクリニック前院長
順天堂大学医学部麻酔科　非常勤講師
日本麻酔科学会　麻酔科専門医
日本ペインクリニック学会　認定医

に参加していただいています。皆さん体のどこかの痛みや、花粉症などの症状でお悩みの方たちです。その方たちがギンザベルエトワールに来て、岡本さんが症状を聞いて、症状が改善すると思われる宝石を選んで、それを手に持ってもらったり、患部に貼ったりして施術していきます。

岡本　ご協力いただく方には、施術前と施術後に、痛みや症状の数値を聞いて、どのような変化があるのかを見ています。実際に先生が症状を聞いて、スコアリングシートに記入して、私が宝石を選んでいきます。

村山　3月は季節柄、花粉症の方が多かったですね。2024年3月14日に来ていただいた26歳の女性は（155ページ図参照）、花粉症の症状が本当にひどくて、くしゃみ、鼻水、鼻づまり、目のかゆみ、喉の違和感と、すべてがつらかったのですが、ジュウェルネスの施術後、約4週間経ってもまったく症状がないと言っていました。

岡本 あの方は瞬間的に楽になっていましたよね。1回の施術でそこまで効果があったのなら、本当に良かったです。

村山 施術前は非常につらそうで、薬を飲んでもまったく効かなかったとのお話でした。それが、ジュウェルネスによる施術後は3日後に電話しても調子が良くて、10日経っても、3週間以上経っても症状が出ないと。これは著効例ですよね。

ほかの人に関しては、施術後の改善が継続される方、2、3日後に元に戻る方とさまざまでしたが、この方は本当に効いている例だと思います。

岡本 そうですね。一度の施術でも多くの方に効果を体感していただけますが、効果を継続するためには、やはり実際に日々宝石を身につけたり、ご自身でもヒーリングを行ったりしていくほうが、より大きな変化を感じていただけると思います。

花粉症の症状の緩和に関しては、**マンダリンガーネット**、**スペッサータイトガーネット**が、とても有効だと思います。最近はこれに**マリガーネット**を足すと、さらに効果が

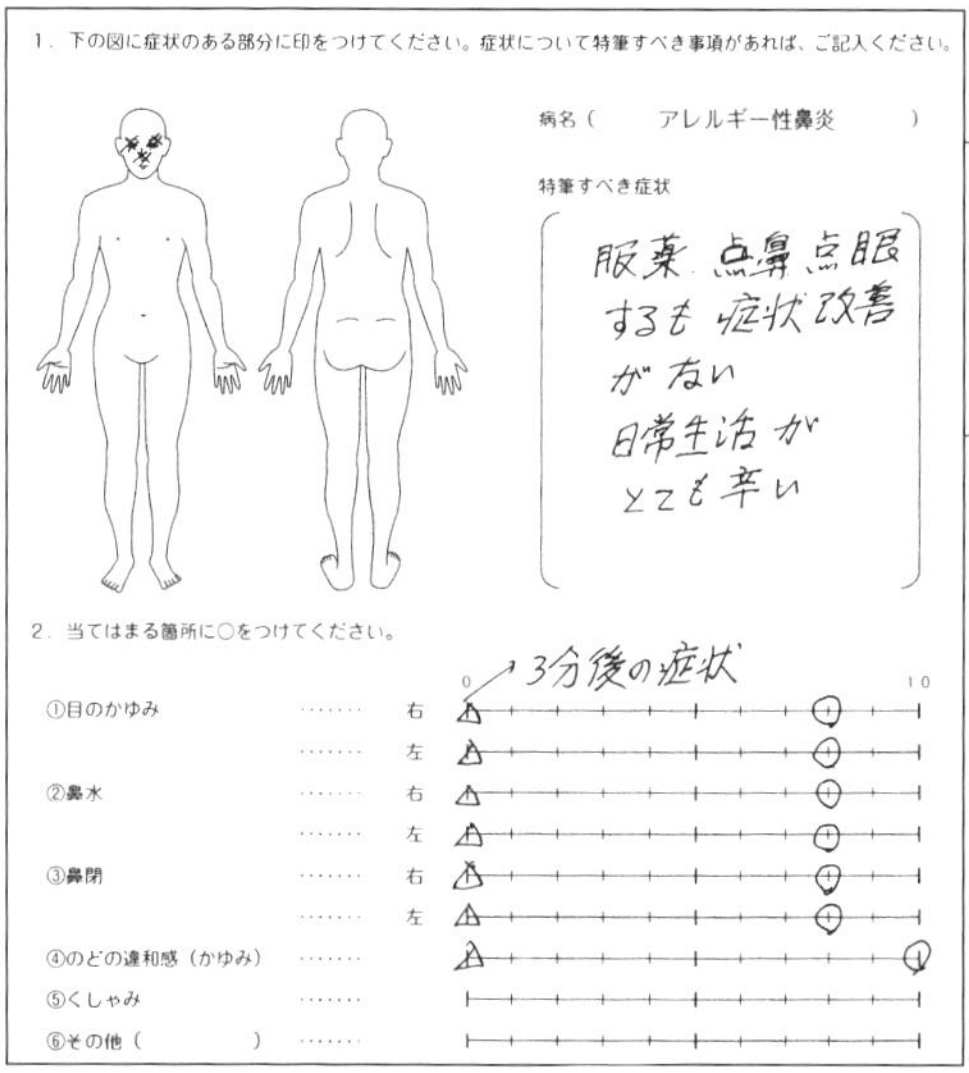
1．下の図に症状のある部分に印をつけてください。症状について特筆すべき事項があれば、ご記入ください。

病名（　アレルギー性鼻炎　）

特筆すべき症状

服薬 点鼻 点眼
するも 症状改善
がない
日常生活が
とても辛い

2．当てはまる箇所に○をつけてください。

3分後の症状

		0	10
①目のかゆみ	右		
	左		
②鼻水	右		
	左		
③鼻閉	右		
	左		
④のどの違和感（かゆみ）			
⑤くしゃみ			
⑥その他（　）			

1：26歳・女性
主な症状：アレルギー性鼻炎（花粉症）

施術前は目のかゆみ、鼻水、鼻づまりが「8」、のどの違和感が「10」と非常につらい症状だった。スペッサータイトガーネット、デマントイドガーネット、ドラゴンガーネットによる施術ですべて「0」まで改善し、3週間以上継続している。

高いなと感じています。

イ　その方も、マンダリンガーネットやスペッサータイトガーネットでヒーリングしたのでしょうか。

村山　この方には**スペッサータイトガーネット**と一緒に、**デマントイドガーネット**、**ドラゴンガーネット**も使いましたね。

岡本　ご本人が訴えている症状は花粉症でしたが、腎臓・肝臓にも負担がかかっているような感じがしたので、**デマントイドガーネット**も一緒に使いました。また、お話をうかがうと高校生の頃にハードルでけがをしたことがあって、そのときの恐怖が今も残っているというので、過去の恐怖を癒やしてくれる**ドラゴンガーネット**も持ってもらいました。トラウマが癒やされたら、体に残っていた痛みも消えたそうです。

私が宝石をセレクトするときには、ご本人が訴えている症状はもちろんですが、ほかにも心身の不調があるようなら、それもあわせて改善するものを選ぶようにしています。心身ともに効果が期待できるのがジュウェルネスだと思うので。

●――原因不明の痛みへの働きかけ

イ　花粉症以外ですと、どのような症状の方がいらっしゃいましたか。

村山　肩の痛み、腰の痛み、指や手首などの関節の痛みなどさまざまですね。先日施術した腰の痛かったランナーの方は（157ページ図参照）、10日後くらいに聞いたときにも調子がいいと言っていましたよ。

岡本　それは良かったです。

村山　もともとはマラソンランナーで、全盛期は先頭を走るような実力者だったそうです。

岡本　ご本人が感じていたのは腰痛と、臀部の筋肉のハリでした。お話をうかがうと、恥骨骨折でランナーを辞めざるを得なくなったそうで、そのときにランナーを辞めることに対して、支えてきてくれたご両親やトレーナーの方たちに対する罪悪感があったの

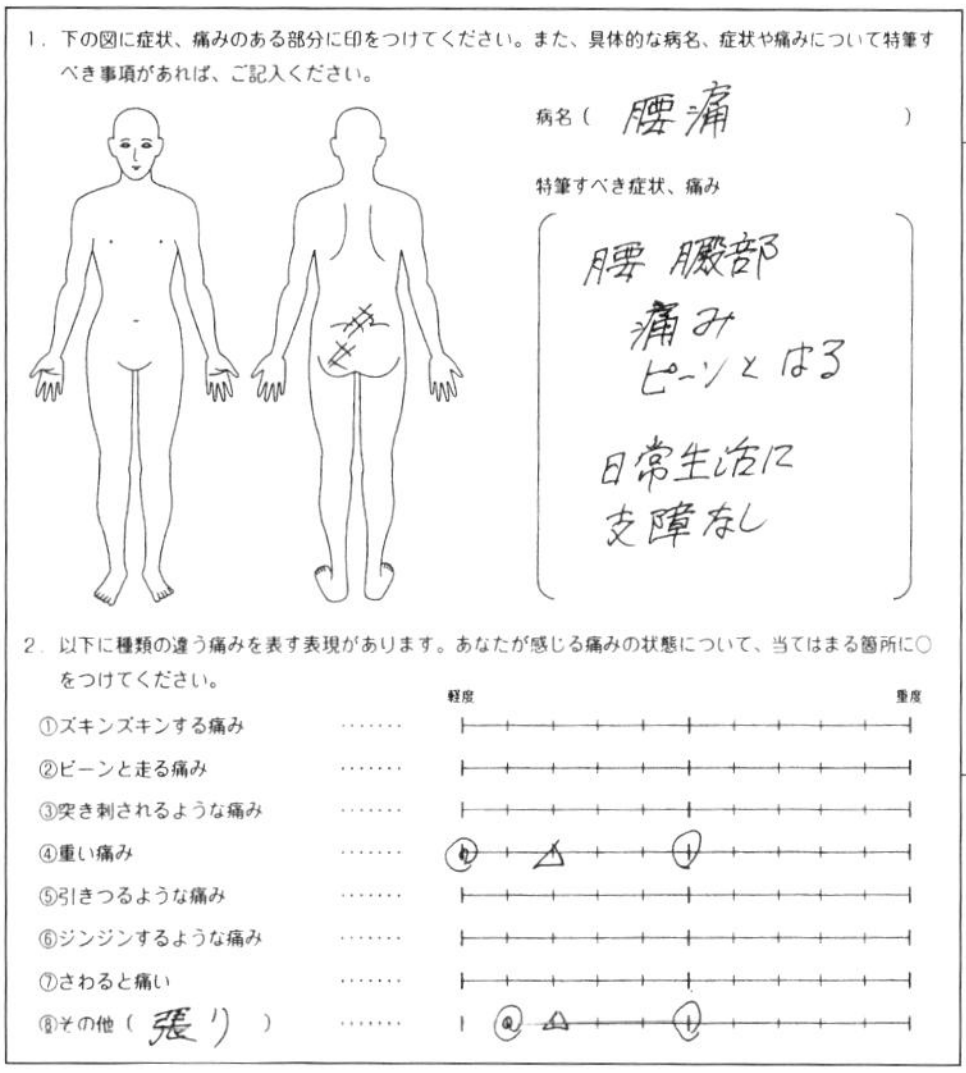
1．下の図に症状、痛みのある部分に印をつけてください。また、具体的な病名、症状や痛みについて特筆すべき事項があれば、ご記入ください。

病名（ 腰痛 ）

特筆すべき症状、痛み

腰 臀部
痛み
ピーンとはる

日常生活に
支障なし

2．以下に種類の違う痛みを表す表現があります。あなたが感じる痛みの状態について、当てはまる箇所に○をつけてください。

軽度　重度

①ズキンズキンする痛み ……

②ビーンと走る痛み ……

③突き刺されるような痛み ……

④重い痛み ……

⑤引きつるような痛み ……

⑥ジンジンするような痛み ……

⑦さわると痛い ……

⑧その他（ 張り ） ……

2：50歳・女性
主な症状：腰痛

施術前は腰の重い痛みが「5」だったのが、施術後は時間の経過とともに「5」→「2」→「0」まで改善した。

だそうです。

ドラゴンガーネットを持っていただいて、そのときの罪悪感を癒やしたら、罪悪感が消えて、腰の痛みとか、ずいぶん変わられていましたね。

イ　怪我をしたときは当然患部に痛みがあると思うのですが、ある程度治癒したとしても、痛みだけ残る患者さんというのも多いのでしょうか。

村山　そういう方も、ある程度いらっしゃいますね。

イ　そのような方は、先ほど岡本代表がお話しされていたように、罪悪感やそういうメンタルな部分を解消すると、痛みもまた解消していくということもあるのでしょうか。

村山　西洋医学的な説明は難しいですが、私たちの体は患部も頭も、すべて連動していますよね。ですから、過去にあったストレスを伴う出来事が、今でもなんらかのプレッシャーになって、怪我は治っても痛みだけ続く、いわゆる慢性疼痛《まんせいとうつう》となる可能性はあると思います。

イ それは、脳のほうに記憶が残ってしまっていて、痛みだけを再現し続けるということですか。

村山 はい、そういう考えを基にした薬物治療も行われています。ただ、患部が治っているのに、なぜ痛みが続くのかは、医学でも完全な原因は分かっていないのです。

岡本 医学でも原因が明確に分からない部分に、ジュウェルネスが働きかけて、効果を発揮することができるのはうれしいです。原因が分かる、分からないにかかわらず、目の前の方が痛みを訴えているのは事実なので。それが少しでも楽になって、その方の人生が輝いていったらうれしいですね。

村山 昔のプレッシャーなどがどこまで今の痛みに影響しているか、医学的には分からないし、検証することも難しいけれど、昔の苦労や精神的な苦痛が、自分でも知らないうちにストレスを生み出しているというのはあると思います。それがジュウェルネスによってリラックスすることで、痛みや不調が和らぐということはあるでしょうね。

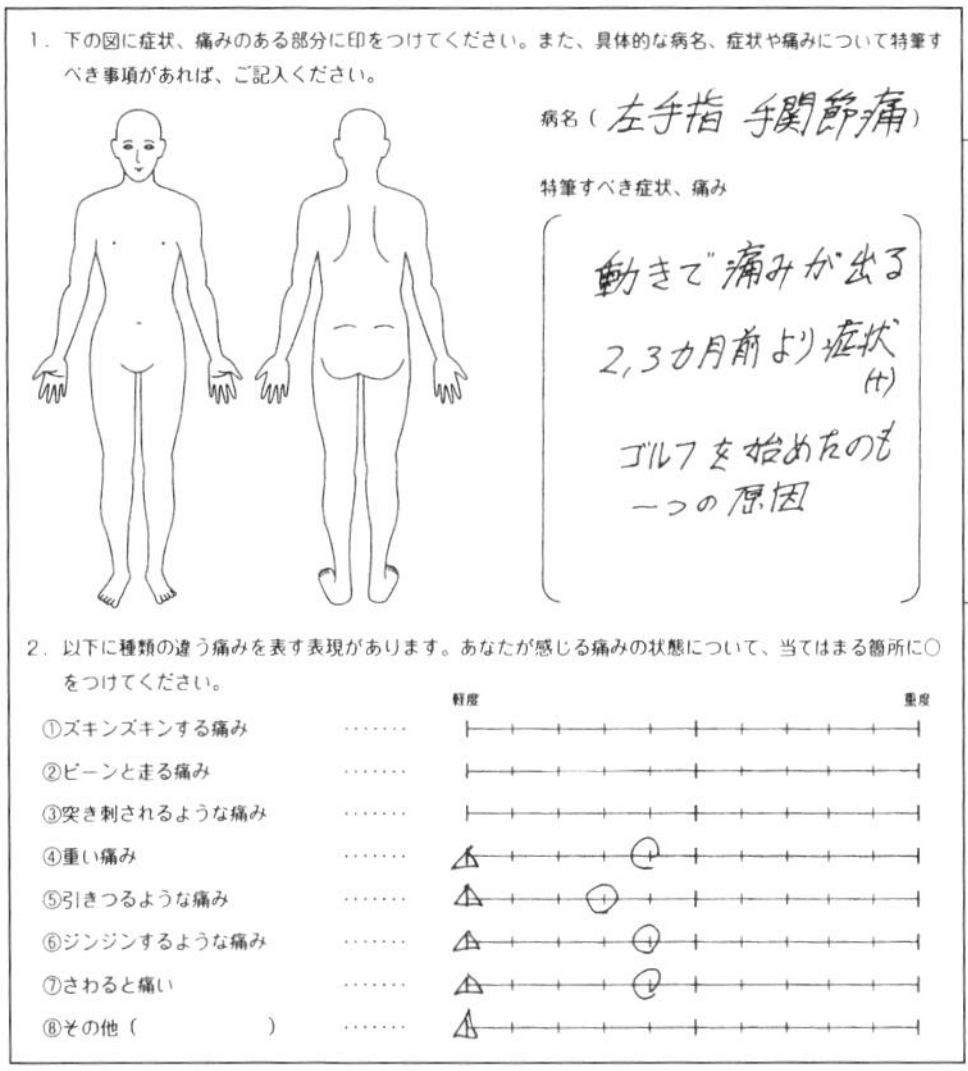

1．下の図に症状、痛みのある部分に印をつけてください。また、具体的な病名、症状や痛みについて特筆すべき事項があれば、ご記入ください。

病名（左手指 手関節痛）

特筆すべき症状、痛み

動きで痛みが出る
2,3カ月前より症状(+)
ゴルフを始めたのも一つの原因

2．以下に種類の違う痛みを表す表現があります。あなたが感じる痛みの状態について、当てはまる箇所に○をつけてください。

軽度 重度

①ズキンズキンする痛み
②ビーンと走る痛み
③突き刺されるような痛み
④重い痛み
⑤引きつるような痛み
⑥ジンジンするような痛み
⑦さわると痛い
⑧その他（　　　）

3：54歳・女性
主な症状：左手指・手関節痛

施術前は左手指に重い痛み、ジンジンするような痛み、さわったときの痛みがあったが、施術後はすべて「4」→「0」へ改善。引きつるような痛みも「3」→「0」に。

岡本　先生も去年、肉離れで足が痛いときに、ジュウェルネスの施術を体感されましたよね。

村山　そうでしたね。ちょうど1年くらい前、左ふくらはぎが肉離れして、歩くと痛かったんです。それがちょうどここに来るときで。来るときは、歩きながら痛いなと思っていたんですが、ここで施術してもらったら、帰るときは同じ道でしたが、明らかに楽になっていて、自分でもジュウェルネスの効果を実感しましたね。

岡本　村山先生ご自身にも体感していただけて良かったです。

――数時間でも痛みを軽減することには大きな意味がある

村山　当日は明らかに痛みが軽減していて、翌日には、また痛みは戻ってきていました。でも

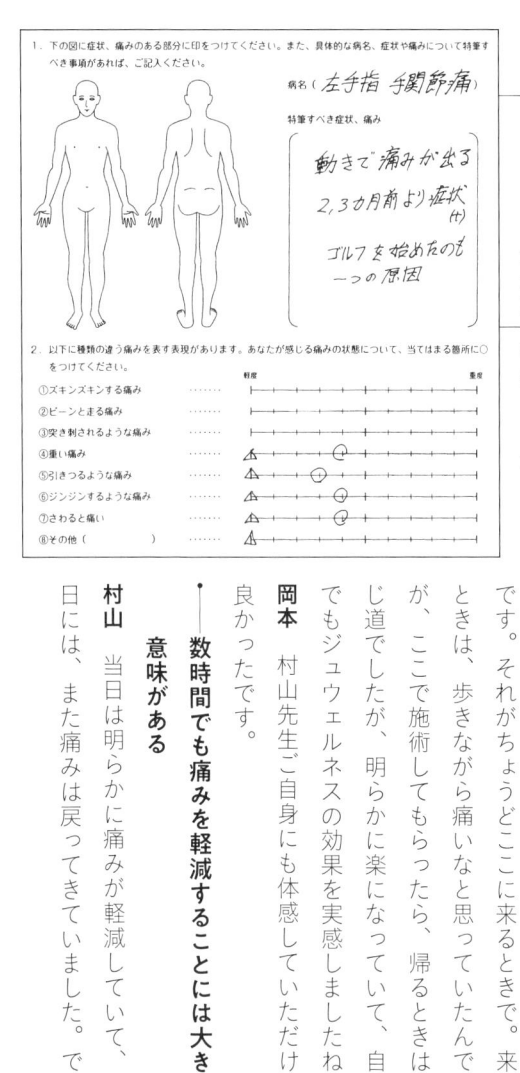

痛みが半日でも数時間でも軽減するというのは、改善する過程のなかでとても意味のあることなんです。

イ　１回痛みが楽になるというのは、大切なことなんですね。

村山　そうなんです。ずっと「痛い、痛い」と緊張状態が続いてしまうけど、宝石などでリラックスして痛みが緩和すると、脳の刺激も減るんです。もちろんそれは、宝石でなくてもいいのです。その人にとってリラックスして、痛みが緩和することなら、マッサージでも、鍼でも、お風呂でも、旅行でも、どんなことでも意味はあると思います。

仕事でも、１つのことに集中してそれ以外のことが見えなくなってしまうより、視野を広げたほうがうまくいくこともありますよね。痛みも同じで、脳が痛みに集中している状態から、一度短時間でも痛みを取って脳の集中をそらすことで、改善するステップになっていくのです。

岡本　なるほど。そういう意味では、ジュウェルネスの施術を受けた多くの方がその場でなんらかの痛みの軽減や症状の緩和を感じてくださっているので、全体的な症状の改善のステップに役立っていると思うとうれしいですね。

村山　気づいたことでは、懐疑的な気持ちで来る方よりも、岡本さんとの信頼関係がす

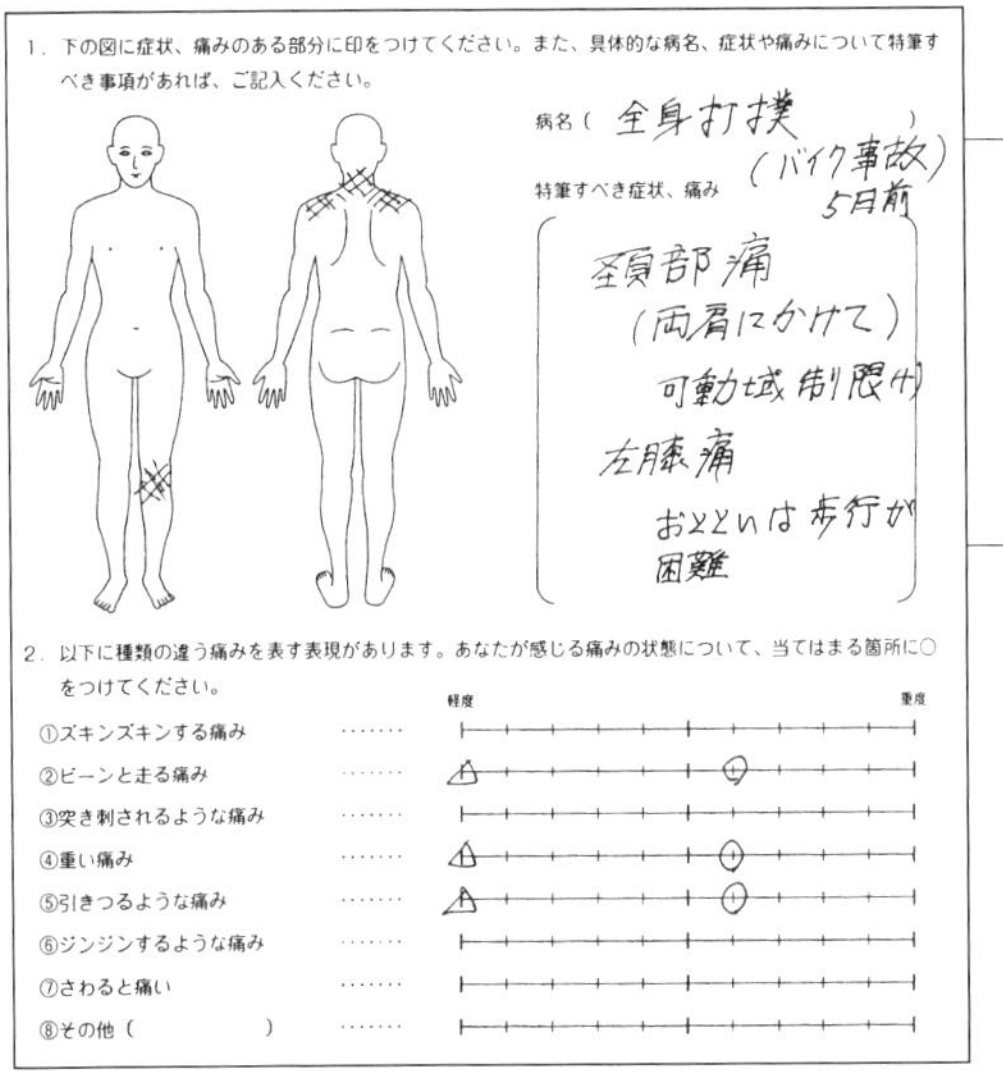
1．下の図に症状、痛みのある部分に印をつけてください。また、具体的な病名、症状や痛みについて特筆すべき事項があれば、ご記入ください。

病名（全身打撲（バイク事故）5月前）

特筆すべき症状、痛み

頚部痛（両肩にかけて）可動域制限(+)
左膝痛 おとといは歩行が困難

2．以下に種類の違う痛みを表す表現があります。あなたが感じる痛みの状態について、当てはまる箇所に○をつけてください。

軽度　重度

①ズキンズキンする痛み
②ピーンと走る痛み
③突き刺されるような痛み
④重い痛み
⑤引きつるような痛み
⑥ジンジンするような痛み
⑦さわると痛い
⑧その他（　　）

4：31歳·男性
主な症状：全身打撲

施術前は全身打撲で首、肩、膝など全身に痛みがあった。施術後はピーンと走る痛み、重い痛み、引きつるような痛みがすべて「6」→「0」に改善し、動かなかった首も動くように。

でにある人のほうが、より大きな効果を得やすいようには感じますね。

岡本　それは、大前提としてリラックスしているという意味ではそうかもしれませんね。まったく知らない方がここに初めて来たら、それだけで緊張感もあるでしょうし。でも、そんななかでも何かしら症状が改善される方も多いですよね。

村山　そうですね。ドクターのなかには懐疑的な人も多いですが、私の友人で耳鼻科のドクターは、左手の関節痛で（159ページ図参照）ジュウェルネスの施術を受けて、その後も調子が良いと言っていました。

岡本　リラックスして、副交感神経が優位になって、痛みも楽になっていったのでしょうね。

——全身打撲で動かなかった首が瞬時に動くようになる

イ　ほかに施術された方のなかで、特に印象に残っている方はいらっしゃいますか？

村山　2022年12月に来た岡本さんのご友人は（161ページ図参照）、バイク事故のあとの痛みが瞬間的に楽になっていましたよね。

岡本　そうでしたね。彼はバイク事故による全身打撲で、膝と首と肩とか、全身に痛みがあって。首が右にも左にも動かせない状態でしたよね。そのときは確か**キャッツアイ**を使ったと思うのですが、6だった体の痛みが、瞬間的に0になって、首も左右に動かせるようになっていました。

たまたま一緒に来ていた彼の友人も医療従事者の方だったんですが、その人もびっくりしていましたね。「えっ！　さっきまで、首がまったく動かなかったんですよ！」って。

イ　それはすごいことですね。村山先生は今後、ジュウェルネス外来をどのように進めていきたいと考えていらっしゃいますか？

村山　もっとたくさんのドクターが興味を持って協力していただけると、また違った検証を行っていけると考えています。例えば、先ほどお話しした花粉症なんかは、これだけ効果があると数例でも症例報告として出せるんですよね。

つい先日も耳鼻科のドクターに協力してもらって、ジュウェルネス施術前後の鼻の中の様子を診てもらったところ、施術後は内部のスペースが広がり、鼻の通りが改善されていることが分かりました。こういうデータが増えると説得力が生まれますよね。

岡本　そうですね。私はこれまで、本当にたくさんの方が宝石によって心身ともに楽に、健やかになっているのを見てきているので、先生方の協力を得て医学的な検証を行うことで、より多くの方に宝石による効果を知ってもらえるようになったらうれしいなと思っています。

村山　私も引き続き一緒に検証を続けていくことを楽しみにしています。

第4章

宝石のエネルギーで実現する
本当に豊かな生き方

人間として本来の豊かさに目醒めるとき

文明が発展し、さまざまな分野で技術が発達したことにより、私たちの生活はこの数十年間で飛躍的に便利になりました。しかし、我々人間は物質的な進化だけでは真に満たされることはありませんでした。日本のように世界と比べると物質的には豊かな国でも、かえって人々の心の闇は深くなり、多くの人がさまざまな心身の不調を抱えて、未来に不安をもちながら毎日を過ごしています。

私たちは今こそ、人間としての本来の豊かな生き方、あり方と向き合わなければいけないのではないでしょうか。そしてその手助けをしてくれるのが、地球のピュアなエネルギーを秘めた宝石です。

長い間、私たち人間は宝石が存在する真の意味を忘れて扱ってきたため、いちばん大切なものは閉じ込められたまま、封印されたままでした。しかし、私たちにとってその力が本当に必要となった今、その封印が解かれるかのように宝石もまた目醒めて、私たち人間に働きかけてくれているのです。

人間が宇宙・自然と共鳴することが必要

宝石は鉱物のなかで最もピュアなエネルギーを秘め、純粋な波動を発しています。この波動は、偉大な宇宙の波動と共鳴します。その純粋な宝石を、私たちも純粋な思いで持つことによって、宇宙の波動と共鳴することができるのです。

人間は長い歴史のなかでだんだんと自然から離れて、本来持っていたはずのさまざまな能力が発揮されにくい状態になってしまいました。そして人間の心、体、魂も本来の状態から大きく隔たりのある状態になってしまっているのです。

私たちが本来の状態を取り戻すためには、宇宙の波動と共鳴することが不可欠ですが、そのひずみは大きく簡単には元に戻れないところまで来てしまっています。そこで登場するのが宝石です。私たちは地球古来の純粋な波動をもつ宝石を通じて、人間が本来あるべき状態、宇宙と共鳴できる状態を取り戻すことができるのです。

現代社会で多くの人たちが抱えている、肉体的、精神的なたくさんの問題も、こうして人間が自然や宇宙の本来あるべき姿から大きくかけ離れたために起こっているのではないでしょうか。そして私たちはそれを本来の正しい状態に戻さなければいけない、大事な時期に来ているのだと思います。

しかし、いざそのことに気づいても、自分の「こうありたい」という思いだけでは簡単に戻らないような状況に私たちは来ているのではないでしょうか。どんなに良い思いがあっても、思いだけで自分を変え、そして周りを変化させていくのはとても難しいことです。

思いを現実に変えるためには力が必要です。その変化に大いなる力を与えてくれるのが宝石なのです。

弱っている体に、人間に本来備わっている治癒力を取り戻させてくれたり、分かってはいても変えることが難しい自分の欠点を補ってくれたり……宝石は人間の体や心に働きかけて、後押ししてくれる力をもっています。

また、体や心だけでなく、私たちの魂も長い歴史の中でさまざまな悲しみや苦しみを経験してきた結果、本来の光が封じ込められてしまっています。宝石にはそんな魂を取り囲む曇りを取り去って、純粋な光を引き出してくれる力もあるのです。宇宙と共鳴する宝石のピュアなエネルギーを通して、人間の心、体、魂も本来のピュアな状態に戻していく……それが宝石に託された使命なのです。

心からの喜びを日々感じる生き方

人間が生きていくうえでまず必要なのは衣・食・住です。現代の日本のようにこれらが最低限にそろっている状態でも、ほとんどの人はどこか満たされず、不満、不安を抱えて暮らしているのではないでしょうか。

この物質的に満たされた時代において私たちにとって本当に大切なことは、人間を形成する心、体、魂を本来の状態に戻し、自然、地球、宇宙の素晴らしさ、生を受けた素晴らしさを実感して、毎日を心からワクワク生きられるような状態にすることです。このような状態になって初めて、本当の意味で生きていることの喜びを感じ、心からの充足感を得ることができるのだと思います。このような状態に私たち人間を誘ってくれる宝石は、正に我々人間にとっての宝の石です。

また、私たちはただ宝石からエネルギーをもらうだけでなく、宝石を持って一人ひとりの意識が高まることによって、同じような思いで生きている人たちにそのエネルギーを共鳴させていい影響を与えることができます。さらに宝石を通して宇宙のエネルギーをもらった私たちが放つエネルギーは、相互作用となって地球に、そして大いなる宇宙に果てしなく広がり大きな影響を与えていくのです。

宝石を持って私たちが心、体、魂の状態を整えるということは、自分だけが良くなるということではなく、もっと大きな意味をもっているといえます。宝石を正しく持って、宝石を正しく活かすということは、個人の満足のためではなく、その結果周りの人や、地球、果ては宇宙までをも良い状態に導いていくことができるという、壮大なロマンを秘めたことだといえます。

だからこそ、宝石を扱う私たち宝石商は、宝石がこの宇宙のなかで占める大きな役割に気づき、正しく宝石を扱わなければいけないと強く感じます。また宝石を持つ人たちも、ただの装飾品や財産として持つ時代から、宝石を通して人間として生きる本当の喜びに出合う、そんな時代が来ているのではないかと思います。

新しく発見された宝石は「今」必要なエネルギーを秘めている

数千万年から数十億年という途方もない時を経て私たちのもとに届く宝石ですが、地中から発見されるタイミングはさまざまです。ルビーやサファイアのように古代からなじみの深い宝石もあれば、この数十年の間に発見されたり、市場に出回るようになったりした宝石もたくさんあります。

そして興味深いことに、新しく発見された宝石は、今この時代を生きる私たちに必要不可欠なエネルギーであることが多いのです。まるで地球がタイミングを見計らったかのように、必要な宝石が現れるのは、偶然ではなく必然のように感じます。ここでは近年になって発見され、現在大きな力を発揮している宝石をご紹介しましょう。

ドラゴンガーネット

2022年にアフリカのタンザニアで発見され、2023年から世界の市場に出回るようになった「ドラゴンガーネット」という宝石があります。UVライトを当てると龍の眼のように赤く蛍光するものもあることから名付けられました。

ドラゴンガーネットは、私たちの内側にあるさまざまな苦しみを浮かび上がらせ、燃やしてくれる力をもつ宝石です。私たちの意識には、2つの状態しかありません。それが美しい意識と苦しみの意識です。美しい意識とは、愛や喜びに溢れ、無条件に幸せを感じられる状態です。反対に苦しみの意識とは悲しみ、怒り、不安、恐怖、罪悪感、欠乏感、トラウマの傷、カルマの傷が重しとなって、意識が下げられている状態です。

人生で前へ進みたいと思うとき、大きな重し、ストッパーとなるのが内側の苦しみです。不安や恐怖から前に進むことができなかったり、罪悪感や欠乏感から、自分には力がないと思い込んでいたり……。でも、それらの苦しみを認識して、ドラゴンガーネットを使って瞑想し重しを燃やすことによって、軽やかになり、前へと進むことができるようになるのです。

近年、多くの方が外側の変化だけでなく、ご自身の内側の変化が重要ということには気づかれていて、さまざまなカウンセリングやセッション、瞑想などのワークを通して、自分の内なる苦しみがなんなのか、向き合っている方も多いように感じます。ただ、向き合って認識することまではできても、それを手放して、そこから解放されるというのはとても難しいことです。

嘘のようですが、ドラゴンガーネットを使うと長年抱えてきたさまざまな苦しみがあっという間に燃やされていきます。ここでドラゴンガーネットを使って行う4つのステップをご紹介しましょう。ドラゴンガーネットを左手に持って行います。

①額の中心に、力強く燃える龍の炎をイメージします。
②ご自身を引っ張っている苦しみ（不安、恐怖、心配など）を具体的にイメージします。
③それらの苦しみを額の中心の龍の炎のなかへと投じていきます。

④苦しみが灰となり、煙となり、源の光へと還っていくことをゆるしていきます。

このときにとても重要なのは、自分の苦しみはなんなのか、きちんと名前をつけて認識することです。物理の世界でも「認識＝存在」といわれていますが、モヤモヤと漠然としている苦しみに「これは悲しみだ」「これは罪悪感だ」というように、それぞれの感情を認識して名前をつけることによって、それを燃やすことができるようになります。

マリガーネット

１９９４年に発見されたマリガーネットは、「ゆるみ」と「ゆるし」の力をもった石です。まるで温泉に入ったときのように、フッと全身の力が緩んで、心も体も無駄な力が抜けて楽になります。現代社会でストレスフルな毎日を送っている方は、自分でも分からないうちに体が緊張して、こわばっている方がとても多くいます。

無意識のうちに、ちゃんとしなければいけないとか、私はこういう人物であらねばならないと決めつけて生きていると、全身に力が入ってしまうのです。また、寝ている間に歯をぐっと噛みしめていて、リラックスできない方もおり、それが原因で肩こりや片頭痛になる方もいます。そういった方がマリガーネットを持つと自然に力が抜けて楽な状態となり、自分を縛っていたものから解放されるのです。

もう一つは許しの力です。これは、周りの人を許すことができるようになるというのもありますが、いちばん大きいのは自分自身を許して、認められるようになるということです。自分で自分を許せず、罪悪感を抱えている方も実はとても多くいます。例えばある方は、子どもの頃両親がよくけんかしていて、親がけんかをしているのは自分のせいだと思い込みました。すると、大人になっても自分で自分のことを責め続けて、その方は周りで争いがあると、それも全部自分が悪いように感じてしまい、自分で自分を咎めてしまうのです。

しかし、マリガーネットを持つことで、それらの罪悪感が消えて、自分自身を認めて許すことができるようになったのです。

パライバトルマリン

1989年に登場し、あっという間に世界的な人気が高まったパライバトルマリン。もともとマイナスのエネルギーをブロックしてくれる宝石として知られていましたが、ドラゴンガーネットと組み合わせることで、父、母、祖父母など、先祖から遺伝して流れ込んでくる苦しみを癒やしてくれることが分かりました。

私たちは自分自身が経験したことだけでなく、親や祖父母、曽祖父母など、先祖のカルマも体に流れ込んできています。自分では原因の分からない怒りや悲しみなどは、もしかするとあなたの先祖の思いが流れ込んできているものかもしれません。

「恐怖が遺伝する」というのは、近年科学実験でも証明されました。ある科学者が、アウシュビッツで迫害を受けたユダヤ人の子孫は、迫害を受けず別の土地で暮らしていたユダヤ人の子孫と比べて、うつ病など精神疾患を患う割合が多いことに気づきました。そこで、マウスを使って、恐怖は遺伝するのかという実験をしたのです。

まずマウスに、桜の香りを嗅がせると同時に、電気ショックを与えます。当然そのマウスは恐怖を感じます。そしてその後、そのマウスから生まれた子どもに、桜の香りを嗅がせます。すると、子どものマウスは初めての香りにもかかわらず、恐怖でビクッとするのだそうです。そして驚くべきことに、これが五世代にわたって続いたといいます。

人間も同じように、親や祖父母の世代から、不安や悲しみなどさまざまな意識の状態を受け継いでいると考えられるのではないでしょうか。といっても、前の世代のことは、自分では分からないこともたくさんあります。それらの感情を、パライバトルマリンとドラゴンガーネットの組み合わせが解放していってくれるのは、とても価値のあることではないでしょうか。

美しい星・地球の未来を決めるのは私たちの意識次第

このように、近年私たちの意識の状態を整えてくれる宝石が増えています。そして、私たちが生きるこの美しい星「地球」の行く末を決めるのは、私たち人間の意識の状態にほかなりません。どんなにモノが豊かになっても、テクノロジーが進化しても、人の意識が苦しみに苛まれていたら、それは必ず争い、戦いを引き起こすからです。

今、私たち人類は、地球の進むべき未来を選択する大きな岐路に立たされているのではないでしょうか。環境破壊も、戦争も、そして一人ひとりの心の苦しみも、もう予断を許さないところまで急迫しています。この現実から目を背けている時間はありません。しかし、何も希望はないと悲観する必要もないと私たちは考えています。

それは、地球が宝石を通して私たちをサポートしてくれていることを感じるからです。人類がより良い未来を選択できるよう、人々の意識が美しい状態へと誘われるように、宝石という最高の味方が、私たちをサポートしてくれています。

地球からの贈り物である宝石を、多くの方が活用し、より豊かな人生を実現して、ともに素晴らしい未来を築いていくことを私たちは願っています。

おわりに

最後までこの本を読んでくださり、ありがとうございました。

私は、宝石店「ギンザベルエトワール」を運営する、株式会社ベル・エトワールの創業者・岡本憲将の長女として生まれ、父を通して宝石に触れ、その美しさ、そしてエネルギーに親しんできました。

幼い頃、父から見せてもらったキラキラ輝く宝石の美しさは、今も心に残っています。そして、同時に思い出すのは、まるで子どものように目を輝かせて宝石の話をしてくれた父の笑顔です。

父は心から宝石を愛している人でした。商売道具としてではなく、大切な仲間のように、地球が生み出した宝石を心から慈しみ、愛でて、まるで宝石と語り合うかのように過ごしていました。

そして、宝石を生み出してくれた地球へも、大きな愛をもっている人でした。世界中を旅して回り、この星で生きることを最大限に謳歌して、最後に「この人生に悔いは一つもない」と遺した言葉に偽りはなかったように思います。

そんな父が、人生をかけて多くの人に伝えたかったこと。それが宝石のもつ真の価値、人々を癒やしてくれる宝石のエネルギーです。宝石のエネルギーを知り、体感を重ねるにつれて、これは私たち人類にとってとても大切なものだと確信するようになったのです。

私自身も、最初は父を手伝う軽い気持ちで宝石の世界へ足を踏み入れましたが、宝石で癒やされる数々の人を目の当たりにするにつれて、「これは父の代で終わらせていいものではない、これからの時代、より多くの人が必要とするものだ」と感じるようになっていきました。

そして現在、同じ思いをもつ夫・敬人さんと出会い、父の遺志を引き継ぎながら会社を運営できているのは、とても幸せなこと、有難いことだと心から感じています。

私たちが伝えたいのは、ただ「宝石にエネルギーがある」ということではありません。本当に大切なのは、宝石のエネルギーを活用して心・体・魂が癒やされたあとに、どう生きるのかということだと思っています。

地球は、美しい星です。豊かな星です。

この地球に命をもって生きることが、どれだけ素晴らしいことなのか、尊いことなのか。その喜びをみんなが感じられる世界を実現することこそが、私たちの願いにほかなりません。

この地球を「美しい星」とすることこそ、私たちの使命であり、進むべき道です。そして「美しい星」とは美しい意識で生きる人々が、互いに手を取り合って初めて実現できるものだと思います。人々の心・体・魂を癒やし、美しい意識へと導くこと。それこそが、私たちが伝える宝石の本当の価値なのです。

父が1970年に「美しい星＝ベルエトワール」と名付けて始めた輸入雑貨店は、宝石店へと変貌を遂げ、2025年に創業55周年を迎えました。これから、宝石がどのような力を発揮してくれるのか、どのような新しい宝石との出合いが待っているのかを考えると、楽しみでなりません。

最後に、私たちの思いに共鳴し、いつも応援してくれるお客様、スタッフの皆、支えてくれている家族に、心から感謝の想いを伝えたいと思います。

皆さんとともに、美しい星を創ることを願って。

2025年4月

株式会社ベル・エトワール　取締役副社長　岡本明子

あなたを輝かせる
宝石の組み合わせ10

体の不調を癒やす最強の3種

・ブラックオパール
・ルビー
・エメラルド

この3種類を組み合わせることで、全身のエネルギーが高まって、
尾てい骨にある第一チャクラから背骨を通って
首、頭へとエネルギーが抜け、循環するようになります。
またルビーは血流、エメラルドは骨、ブラックオパールは関節に
働きかけてくれるので、あわせてヒーリングすることで
肘、膝の痛みや腰痛、肩こり等を飛躍的に改善してくれることもあります。
慢性的な痛みを抱えている方や、
アスリートのように体を酷使している方にも
ぜひお試しいただきたい組み合わせです。

花粉症・アレルギーの強力な味方
・スペッサータイトガーネット
・アクアマリン

スペッサータイトガーネット、アクアマリンは、
ともにアレルギーの症状を緩和してくれる宝石なので、
組み合わせて持つことで相乗効果が期待できます。
スペッサータイトガーネットは、
花粉症によるくしゃみ、鼻水、鼻づまり、目のかゆみや、
それに伴う喉の痛み、頭痛なども緩和してくれます。
アクアマリンはかゆみといった身体症状だけでなく、
イライラした心も鎮めてくれる宝石ですので、
花粉症による身体的な不調から発生する
心の不調も同時に緩和してくれることでしょう。

ルビーとインカローズは「気持ちを明るくする」「血流を促進する」など、
エネルギー的な特徴に共通する部分が多い宝石です。
2種類を組み合わせることで、相乗効果となって、心身のエネルギーの
巡りを良くしてくれます。みぞおちのあたりにある
ハートのチャクラに働きかけてくれるインカローズは、愛情を引き出し、
他者への愛、そして自己愛も高めてくれます。
やる気と情熱を高めてくれるルビーを組み合わせることで、
心身ともにポジティブな状態で
前に進めるようになるでしょう。

愛情豊かに
前に進めるようになる

・インカローズ
・ルビー

運気を高め、
ありのままの自分を生きる

・スファレライト
・ブラックオパール

スファレライトとブラックオパールは、
運気を高め人生を好転させてくれる、
最強の組み合わせ。
スファレライトは過去に起因する不安や恐れを消し去り、
今この瞬間に自分がワクワクする方向へと誘ってくれる宝石です。
そして、個性溢れるブラックオパールは、
自分が本当にやりたいこと、ワクワクした気持ちと出合わせてくれる宝石です。
この2つの組み合わせは、ありのままの自分で、
本来の波に乗って、人生を楽しむことをサポートしてくれるでしょう。

次なるステージへと、飛躍的に運気アップ

・タンザナイト
・ヒスイ

ヒスイとタンザナイトは、
いずれも運気を高めてくれる宝石。
この2つを組み合わせることで、相乗効果となって、
さらなる運気アップが期待できるでしょう。
ヒスイは、魂の深い悲しみ、苦しみを癒やしてくれる宝石でもあります。
重しとなっていたカルマが癒えることで、タンザナイトによる昇龍の力に勢いがつき、
一気にさらなる高みまで昇っていくことができるようになります。
今までの自分に満足せず、次なるステージで活躍したいという
強い思いをもっている方におすすめの組み合わせです。

自分も相手もジャッジせず、本当の穏やかさへと導く

・スフェーン
・ハイアライト
・パライバトルマリン

パライバトルマリン、ハイアライト、スフェーンの
組み合わせは、心・体・魂を根底から癒やし、
本当の安らぎを与えてくれます。
私たちにとって大きなストレスの原因は、
実は自分の中で起こる自分に対するジャッジです。
日々感じる罪悪感や劣等感は、
自分自身を知らず知らずのうちに
裁き傷つけているのです。
この3種類の組み合わせは、
心からネガティブな思いを取り去り、
ジャッジの原因となる魂の傷を癒やし、
さらにありのままの自分を許容できるように
整えて、本当の心の平安へと導いてくれます。

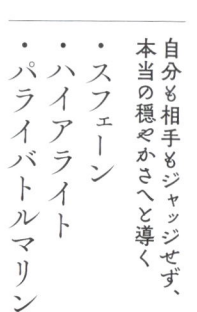

ブルートルマリンとエチオピアオパールは、
いずれも心を落ち着け、ストレスを緩和してくれる宝石です。
心のストレスが緩和すると、体の緊張状態も緩和して、
内臓本来の働きができるようになり、自然とデトックスが行われます。
ブルーやグリーン系のトルマリンは、いずれも腸の調子を整えてくれます。
この2つを組み合わせることで、心と体のストレスに同時に働きかけ、
人間が本来もっているデトックスの力を高めて、
心身を健全な状態へと導いてくれるのです。

心と体をデトックス

・エチオピアオパール
・ブルートルマリン

心の色眼鏡を外して、
真実が見える

・ドラゴンガーネット
・メキシコオパール

ドラゴンガーネットと
メキシコオパールは、
恐れを消し去ってくれる、
とても相性の良い
組み合わせです。
内側にある恐れや不安は、
往々にして私たちの目を曇らせて、
まるで色眼鏡をかけているかのように
真実を見えなくさせてしまいます。
ドラゴンガーネットとメキシコオパールを組み合わせることで、
この色眼鏡、フィルターを生み出す元となっている
不安や恐怖を燃やし去り、ありのままの相手、
ありのままの事象を見ることができるようになるでしょう。

この地球を愛する人たちと共鳴しサポートする

・パラサイトペリドット
・ドラゴンガーネット

パラサイトペリドットは、宇宙から降ってきた
隕石に含まれていたたいへん珍しい宝石。
大きいものは少ないですが、
小さくてもほかの宝石と組み合わせることで
大きな力を発揮してくれます。宇宙の意志を秘めた
パラサイトペリドットと、不安を消し去ってくれる
ドラゴンガーネット。この2つを組み合わせることで、
この地球をより良い星にしたいという意志をもった
人たちをサポートしてくれます。
私たちが住むこの地球のために
何かしたい。そんな思いを
もった人たちと共鳴し、
それが実現するように
応援してくれるのです。

非日常の特別なエネルギーを体感、希望の星を実現する

・インペリアルトパーズ
・パライバトルマリン
・ステラエスペランサ

マイナスのエネルギーを取り除いて、
本来の自分の状態にリセットしてくれるパライバトルマリン、
心の状態を安定させてくれるインペリアルトパーズ、
魂の成長を促し宇宙からのエネルギーを体感できる
ステラエスペランサの組み合わせは、日常感じることのない特別な空間に
いざなってくれる組み合わせといわれています。
「ステラエスペランサ＝希望の星」という名前のとおり、
この地球をどんな希望に溢れる星へと変化させていくのか。
そんな思いをもつ方にこそおもちいただきたい組み合わせです。

組み合わせは無限大
今のあなたに
ぴったりの石を選んで、
オンリーワンのジュエリーを

アレキサンドライトは
肉体のさまざまな不調を癒やして、
向上心を高めてくれます。

パライバトルマリンは
マイナスのエネルギーを
ブロックし、心身の状態を
整えてくれます。

スペッサータイトガーネットは、
花粉症による鼻炎や目のかゆみを
癒やしてくれます。

エメラルドは目の疲れを癒やし、
心身のバランスを整えてくれます。

縄文時代から日本人に愛されてきたヒスイ。

心を元気にしてくれる
パパラチアのリングは、
カジュアルなデザインで
日常使いにおすすめです。

スタイリッシュなデザインのメンズジュエリー
ネガティブなエネルギーからプロテクトしてくれる
パライバトルマリンと運気を高めて
人生を好転させてくれるタンザナイト。

世界の宝石集散地&宝石鉱山

上・下：ジャイプールの宝石研磨
工場を視察
インド最大の宝石集散地
ジャイプールには、世界各国から
さまざまな宝石が集まっている

ジャイプールの宝石商サンディープ氏の
オフィスにて商談中

インド最大の宝石の街 ジャイプール

宝石の街ジャイプールは別名
ピンクシティとも呼ばれており、
多くの宝石店や研磨工場などが
集まっている

ジャイプールで仕入れを行う岡本敬人

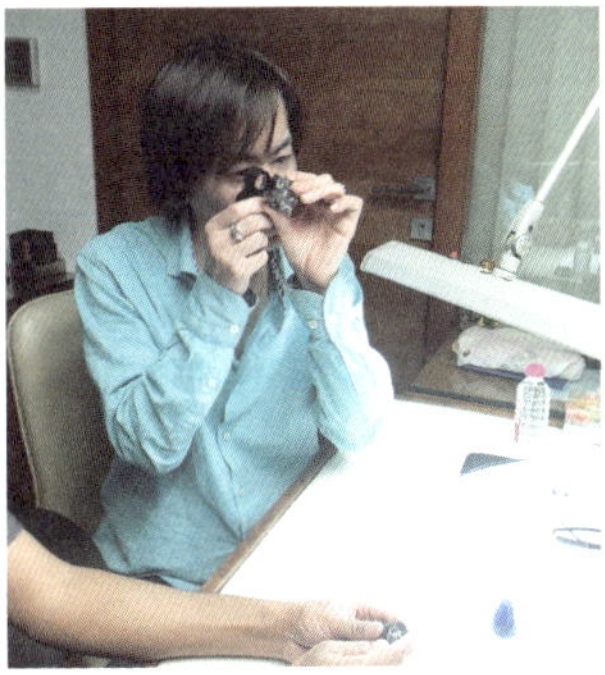

ルーペを使って
原石をチェック

左：研磨前のタンザナイトの原石
右：研磨後の色分け作業もすべて
人の目で行っている

1971年、何も知らずに
初めてエメラルドの
買い付けに訪れた
岡本憲将氏（P82参照）

1990年代、エメラルド鉱山

コロンビア

良質なエメラルドの産地

世界の宝石集散地＆宝石鉱山

スリランカ

サファイア、キャッツアイ、
ガーネットなど宝石の宝庫

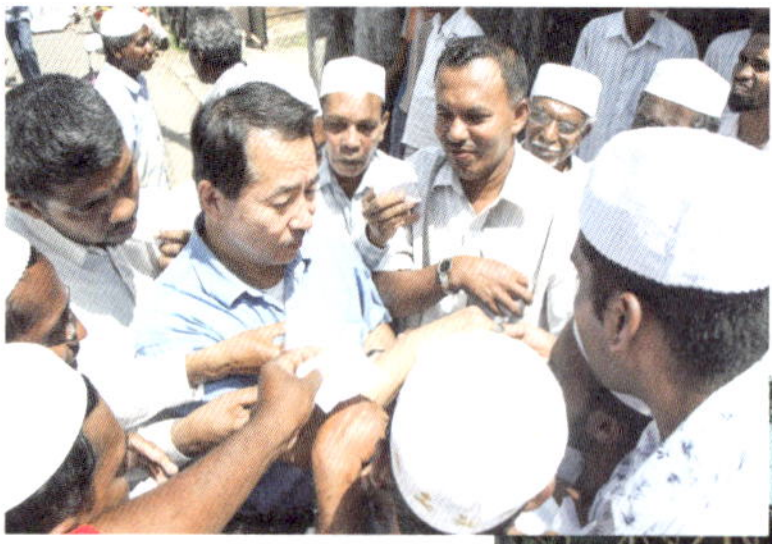

宝石取引の街ベルワラで、
地元のディーラーに
取り囲まれる岡本憲将氏

ラトナプラの鉱山

地下約15mにある
採掘地へと降りていく
岡本敬人

オーストラリア

世界唯一の
ブラックオパール産地
ライトニングリッジ

乾燥したエリアに鉱区が点在する

電動ドリルで採掘

研磨途中のブラック
オパールの原石

ケニア

ガーネットをはじめ
さまざまな宝石が採れる期待の国

アイドクレースの原石

鉱夫たちとともに。鉱山のエリアは
危険なため、必ず護衛がつく

重機を使って掘り進める

あたりは赤土で覆われている

ブラジル

トルマリン、
アレキサンドライトなど
多様な宝石の産地

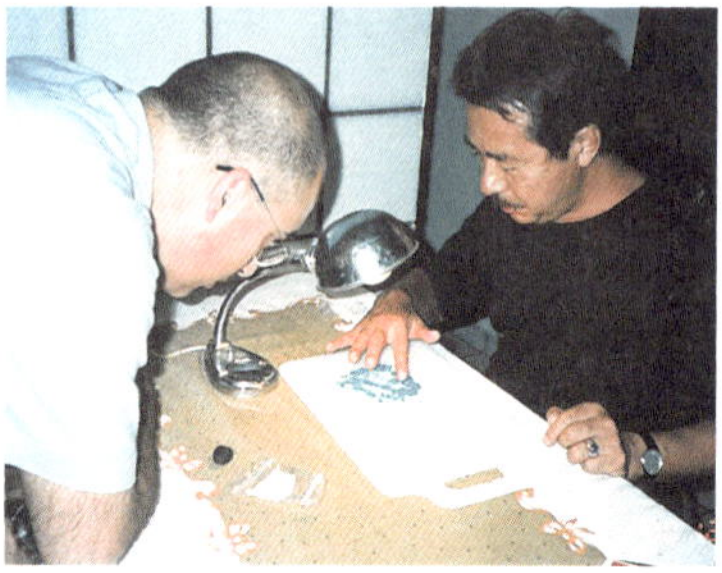

1990年代、採掘が始まった頃のパライバトルマリン
を直接買い付け。この後世界的に爆発的な
人気となり、価格も高騰した

ミャンマー

良質なルビーの産地

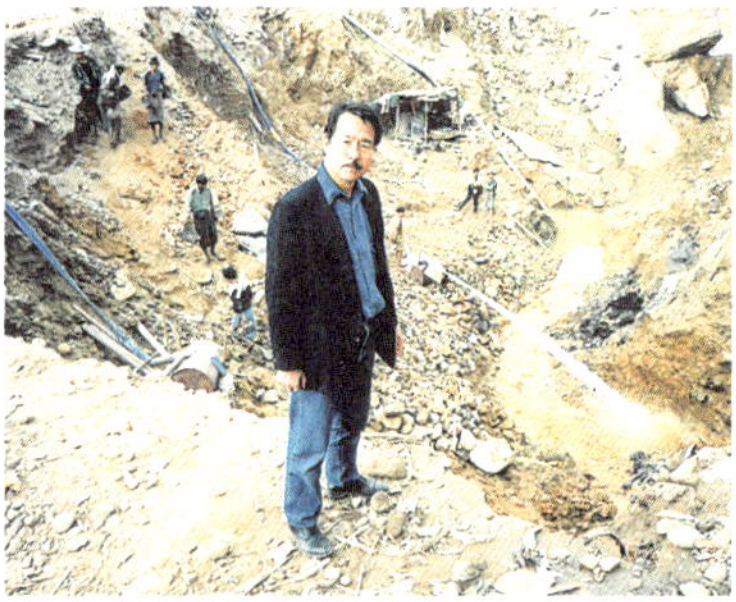

1990年代、内戦のさなか危険を顧みず、
良質なビルマルビーの一大産地モゴク
鉱山を訪れた岡本憲将氏

岡本敬人（おかもと　たかひと）

株式会社ベル・エトワール代表取締役社長
ジュエリーエネルギーアドバイザー
1971年生まれ。多くの人を笑顔にしたいという思いのもと、音楽業界の第一線で多岐にわたって活躍。2010年に創業者・岡本憲将氏と出会い、宝石が持つ癒やしの力に感銘を受け、自身もその価値を多くの人に伝えたいとジュエリーエネルギーアドバイザーの資格を取得。現在は東京を拠点に全国でセミナーを開催するほか、さまざまな業界の方々とコラボレーションして宝石の真の価値を伝える活動を行っている。2017年、株式会社ベル・エトワール代表取締役社長に就任。

岡本明子（おかもと　あきこ）

株式会社ベル・エトワール取締役副社長
1982年、創業者・岡本憲将氏の長女として生まれる。オーストラリアの大学を退学後、父の会社に入社し、広報、出版、新規出店などに幅広く携わる。父の秘書的な役割もこなしながら海外出張にも同行し、父の間近で仕事のノウハウだけでなく、仕事の真髄となる考え方、あり方を吸収する。2016年、父の一番弟子・敬人氏と結婚。父の逝去後、夫とともにあとを継ぎ、株式会社ベル・エトワール取締役副社長に就任する。

本書についての
ご意見・ご感想はコチラ

Gemstone
人々を輝かせる宝石の秘密

2025年4月26日　第1刷発行

著　者　　岡本敬人　岡本明子
発行人　　久保田貴幸

発行元　　株式会社 幻冬舎メディアコンサルティング
〒151-0051　東京都渋谷区千駄ヶ谷4-9-7
電話　03-5411-6440（編集）

発売元　　株式会社 幻冬舎
〒151-0051　東京都渋谷区千駄ヶ谷4-9-7
電話　03-5411-6222（営業）

印刷・製本　中央精版印刷株式会社
装　丁　　弓田和則
写真（宝石）玉井幹郎

検印廃止

ISBN 978-4-344-94898-3 C0095
幻冬舎メディアコンサルティングＨＰ
https://www.gentosha-mc.com/